米国戦略諜報局（OSS）
越智啓太 監訳・解説　国重浩一 翻訳

サボタージュ・マニュアル

★諜報活動が照らす組織経営の本質

北大路書房

日本の大企業や官僚制度が抱える問題の本質が
驚くほどわかる本書。
「あるある本」として笑いながら読んでいるうちに
やがて楽しさは空恐ろしさへと変わる。

ジャーナリスト／メディア・アクティビスト　津田大介

目次
contents

サボタージュ・マニュアル（暫定版）

目次
contents

解説

サボタージュ・マニュアル
――日本語版の発刊に寄せて

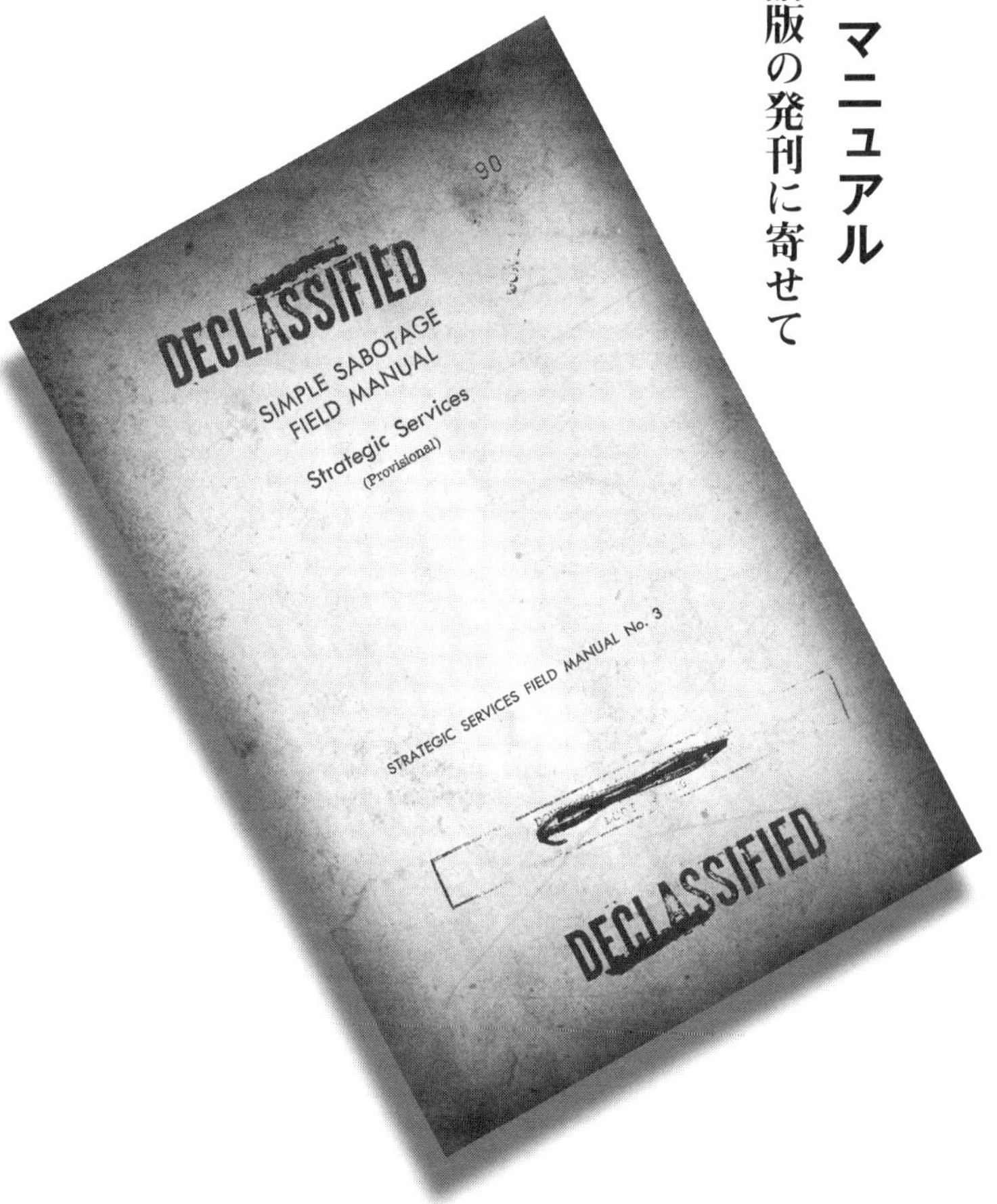

解説1 サボタージュ・マニュアルとは何か

DECLASSIFIED

■OSSとは何か

第一次世界大戦以降、戦争では武力と武力のぶつかりあいに加え、諜報活動や広報を使用した情報戦、プロパガンダ戦が重要になっていきました。特に有名なのはヒトラーによるメディアを駆使した大衆扇動です。

アメリカ軍でもこのようなドイツの戦略やイギリス軍の広報戦略にならって、この種の戦略を実施することにしました。彼らは、これを心理戦争（psychological warfare）と名づけました。その中心となった組織がOSS（米国戦略諜報局：Office of Strategic Services）です。(注1)

OSSの前身となった組織は、日本軍の真珠湾攻撃に先立って、

注1：第二次世界大戦とその後の心理戦争については、以下の書籍に詳しく書かれています。Simpson, C.（2015）*Science of coercion: communication research & psychological warfare, 1945-1960*. Open Road Media.

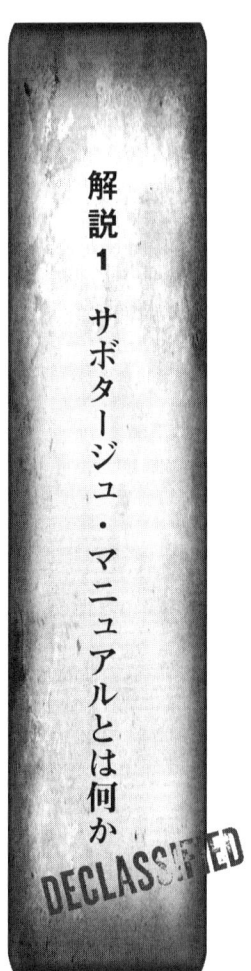

1941年に設立されたCOI（情報調整局：Office of the Coordinator of Information）で、この組織は軍の情報収集や広報を一元化するためにつくられたものでした。

COIは翌年には、ルーズベルト大統領によって、2つの組織に分割されました。そのうちの一つは、OWI（戦時情報局：Office of War Information）で、「真実の情報が勝利を生む」というスローガンのもと、正確な情報をフォーマルなかたちで公開することを目標にした組織でした。この組織はラジオやハリウッド映画などを通じて、アメリカ国民に戦争の意義や目的、現状などを広報する活動を行いました。

OSSはこのときにつくられた、もう一つの組織であり、OWIが公的な広報戦略「ホワイトプロパガンダ」を担当したのに対して、偽装したプロパガンダやスパイによる諜報活動、レジスタンスの組織化やその活動の援助など「ブラック」な活動を担当する組織でした。

ちなみにOSSはその後、現在のアメリカCIA（中央情報局：Central Intelligence Agency）に発展していくことになります。(注2)

注2：OSSの組織やその活動については、以下の書籍に詳しく書かれています。
［山本武利（2002）ブラックプロパガンダ　岩波書店］

■OSSとサボタージュ・マニュアル

さて、この『サボタージュ・マニュアル』は、OSSが、その活動の一環として作成した、一般市民向けのレジスタンス活動支援マニュアルで1944年の1月にOSS長官であったドノバン少将名で公開されたものです。

OSSは他にもさまざまな戦略活動のためのフィールドマニュアル(Strategic Service Field Manual)を作成しています。たとえば、占領地内でレジスタンスの連絡や枢軸国軍の混乱を目的にした秘密ラジオ局をどのように設立し、運営していくかについて書かれた「秘密ラジオ局マニュアル」などです。本書は、これらのたくさんのマニュアルの中の一冊、ナンバー3と呼ばれているマニュアルです。

このマニュアルは長い間、極秘資料として非公開だったのですが、近年、他の何冊かのマニュアルとともに機密解除され、一般の人でも読むことができるようになりました。

■サボタージュ・マニュアルとは何か

本書には、一般の人々がちょっとした工夫でできるサボタージュ活動、つまり枢軸国側へのレジスタンス活動のやり方が書かれています。

どんな「ちょっとした工夫」をすれば、組織がまわらなくなったり、人々（もちろんその地域を支配している枢軸国側軍隊の人々）をイライラさせることができるのか、そして、事故や災害、機械の故障や破壊などを起こせるのかということが事細かく書かれています。また、サボタージュ活動を行うにあたっての心構えから、コツ、注意すべき点まで記載されています。

ＯＳＳは、訓練を受けたプロの工作員（スパイ）による枢軸国への破壊活動ももちろん重視していたのですが、このマニュアルに書かれているような一般市民によるちょっとしたサボタージュ活動も、プロのスパイの活動以上に重視していました。

一般市民によるサボタージュ活動は、プロのスパイが行うような大規模でダメージの大きな破壊活動を一気に引き起こすものではありませんが、細かなトラブルや事故、イライラなどによって、相手側の体力を「じわじわ」と奪っていく、ボディーブローのような攻撃ができるという意味でそれなりに重要な位置づけをもっていたのです。

一見、いたずらマニュアルのようですが、「**サボタージュは、悪質ないたずら以上のものであり、一貫して、敵の資材や労働力に対して弊害をもたらす行為である**」（4章▼1（a））とマニュアルの中でも強調されています。

さて、われわれは、サボタージュ活動をしろと言われてもなかなかすぐにできるものではありません。われわれの多くは、「性善説」的な行動をすることが多く、何も言われなくとも、ともかく、あたえられた仕事は誠実にきちんと成し遂げてしまうのが普通だからです。そのため、ＯＳＳはわざわざ、「どのようにすれば組織がうまくまわらなくなるのか」「どのようにすれば、うっかり事故や災害が起きてしまうのか」ということをマニュアル化したわけです。

「どのようにすれば組織が効率的に活動できるのか」や「どのようにすればトラブルや事故を防ぐことができるのか」についてのマニュアルはあらゆる分野において存在していて、現在でも日々つくられ続けていますが、この逆のマニュアルがつくられることは歴史的に見ても、実用的な目的から見てもほとんどなく、それゆえ、このマニュアルは歴史的にも価値あるものとなっているといえるでしょう。

■なぜ、いまサボタージュ・マニュアルなのか

しかし、じつは、このマニュアルの真の価値はその歴史的な意義にあるのではありません。むしろ、このマニュアルは、われわれ人間の負の側面をありのままの姿で映し出す鏡になっているところが興味深いのです。

たとえば、本書の中の組織をうまくまわらなくする方法についての「アドバイス」を読んでみると、みなさんが現在、所属している会社やサークルなどの現実の組織が、いままさに直面しているさまざまな問題点が、じつは、「サボタージュ」戦術としてあげられていたりします。

そのような意味では、一種の皮肉、あるいは風刺として、あらためて、現実の組織を見直してみるきっかけになる資料といえるでしょう。みなさんも、これをもとに好奇心に満ちた目で「組織・集団の難しさ」を考えることができるでしょう。

実際、このマニュアルが出版されると、日本でもこのマニュアルの一部

（特に5章の▼11「組織や生産に対する一般的な妨害」の部分）がネット上でさかんに紹介されました。そのときの論点やコメントも、「これってうちの会社そのものじゃないか」というものが多かったのです。

また、それ以外の部分、どうやったら機械を故障させたり、ぼやを起こしたり、社会のインフラを混乱させたり、人をイライラさせることができるか（注3）という部分についても、レジスタンス活動やスパイ活動を知るといった目的だけでなく、われわれが日常生活においていかにうっかりたいへんな事件や事故を起こしてしまうのかについて、考えさせられる内容になっています。

この部分に関しては、たしかに扱われているテクノロジーが古く、現代社会において直接適用できるものは少ないかもしれませんが、「現代社会においてサボタージュ・マニュアルをつくるとするならば、どんな内容になるのか」を考えながら読み進めていくと、おもしろいし、自分たちの日々の活動に対する一種の警句として読むことができるかもしれません。（注4）

注3：本マニュアルの類書はほとんど存在しないのですが、わが国でも、「どのようにすれば人をイライラさせることができるか」をテーマとした以下のバラエティDVDがつくられていて、心理学的にも非常に興味深い内容になっています。
［水野敬也・古屋雄作（2006）温厚な上司の怒らせ方（DVD） ビクターエンタテイメント］

注4：たとえば、現在では、われわれの生活は、コンピュータやネットワークに大きく依存してしまっているので、「パスワードは忘れないように紙に書いてパソコンの横に貼っておく」「届いたメールはとりあえず全部開く」なども重要なサボタージュ戦術になるかもしれません。

解説2 どのようにすれば、組織はうまくいかなくなるのか

DECLASSIFIED

■ホワイトカラーむけサボタージュ戦略

さて、このマニュアルの解説はやはり、5章の▼11「**組織や生産に対する一般的な妨害**」の部分を中心に論じていく必要があるでしょう。なぜなら、この部分が最も大きな話題を呼んだ部分であるからです。

このマニュアルの多くの部分が、現場で実際に働く第一線のブルーカラーの人々を対象にして、細かなサボタージュ技術を伝授しているのに対して、この部分では、ホワイトカラー、事務員、管理職などを対象にしてどのようにサボタージュが可能であるかについて書かれています。

現場の第一線の作業員であれば、「**空気取入口または排気弁に土やゴミを**

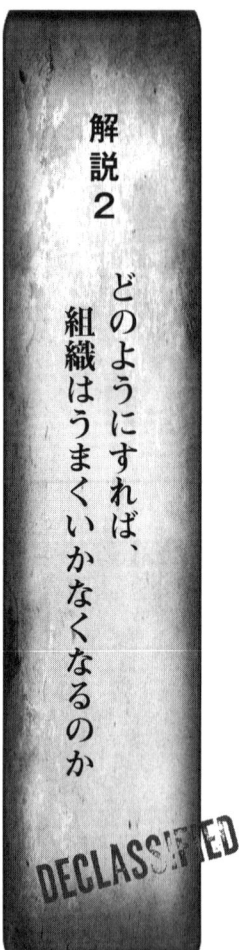

表1　ホワイトカラーによるサボタージュ戦略

1）形式的な手順を過度に重視せよ
2）ともかく文書で伝達して、そして文書を間違えよ
3）会議を開け
4）行動するな、徹底的に議論せよ
5）コミュニケーションを阻害せよ
6）組織内にコンフリクトをつくり出せ
7）士気をくじけ

詰め」（5章▼2（c）3）ることや、「**油入変圧器は、オイルタンクの中に水や塩を混入すれば、故障させることができる**」（5章▼2（f）1）といった直接的な指示を実行できるわけですが、ホワイトカラーが行っているのはそのような仕事ではありません。そのため、サボタージュ活動といってもどうすればよいのか、なかなか難しいところがあります。

それに対して、このマニュアルでは、けっしてサボタージュ活動の可能性を否定せず、ホワイトカラーには、ホワイトカラーなりのサボタージュ活動が可能であるとして、その具体的な方法論を伝授します。

それはひとことで言ってしまえば、「組織をうまくまわらなくする」ための技術です。

このマニュアルでは、一般の従業員、事務員、管理職と職階ごとにいろいろな指示が書かれていますが、それらを大雑把にまとめてみると、表1のようになるでしょう。

これらのそれぞれの観点について、サボタージュ・マニュアルの目のつけ所、その理論的背景、心理学的な実証研究などを交えながら、解説していくことにしましょう。

■形式的な手順を過度に重視せよ

マニュアルの一番最初に書かれているルールは「形式的な手順の重視」です。

組織体をつくっていく場合、それが小さな組織であるうちは、構成員間の直接的なコミュニケーションで問題を解決し、組織活動を調整していくことが可能ですが、組織がある程度大きくなってくると、それは次第に困難になってきます。

そこで、われわれは組織の行動をなんらかのかたちで構造化していこうと動機づけられます。この過程で最初に生み出されるのが、「形式的な手順」と「専門担当者」です。

形式的な手順とは、「係員→係長→課長→部長→役員→社長」という順番に決裁をあげていくことや、「別の部署に要望を出すときは日付と時間と通し番号をつけた文書を用意すること」などのルールです（文書主義）。同時に的確に情報を伝達したり、それを整理したりするときに便利で誤解のないように文書の書式が標準化されていきます。

専門担当者とは、ある仕事を専門的に行っていくスタッフのことです。組織が大きくなってくるとすべてのスタッフがすべての仕事を把握しているという状態がつくりにくくなってきます。全体の仕事を中途半端に知っているよりはむしろ、ある仕事を完全に知っているスタッフを集めたほうが効率よく仕事ができますし、経験も蓄積できます。そこで、スタッフの仕事が細分化され、専門分化してくることになるわけです。

■マックス・ウェーバーの「官僚制」概念

組織が大きくなるにしたがって生じるこのような現象について、最初に指摘したのは、ドイツの社会学者のマックス・ウェーバーです。

彼はこのような組織の形態を、官僚制（ビューロクラシー）と呼び、合理的、効率的に動くことができる大組織はこのような特徴を備えていて、近代官僚制こそが技術的に最高に優れた組織形態であると考えました。(注5)

ただ、われわれが「官僚制」と聞くと、効率的な組織とはまったく逆のイメージを思い浮かべるのではないでしょうか。

官僚制の代表である「役所」に行ってみると、さんざんたらい回しにされたうえで結局何も解決しなかったり、係員があまり親切でなかったり、作成しなければならない書類がやたら複雑でわかりにくい言葉で書いてあって理解できなかったりするわけです。

「お役所仕事」という言葉はよく使われますが、もちろんこれは「最高に優れた組織形態」とは、まったく逆のことを意味しています。

■ロバート・キング・マートンの「官僚制の逆機能」

このことを的確に指摘したのは、アメリカの社会学者のロバート・キング・マートンです。彼はウェーバーと反対に、官僚制がもっている問題点に焦点を当てました。

注5：[マックス・ヴェーバー／世良晃志郎（訳）（1960） 支配の社会学Ⅰ・Ⅱ（Soziologie der Herrschaft） 創文社][マックス・ヴェーバー（1965）ウェーバー政治・社会論集（世界の大思想23） 河出書房新社]

もちろん、マックス・ウェーバーはすばらしく卓越した社会学者であったため、官僚制の問題点を把握していなかったわけではありません。たとえば、「経済と社会（Wirtschaft und Gesellschaft）」「新秩序ドイツの議会と政府（Parlament und Regierung im neugeordneten Deutschland）」論文の中では、官僚制の問題点についても数々の指摘をしています。

彼はそれを「官僚制の逆機能」と呼んでいます。(注6)
たとえば、形式的な手順はたしかに大きな組織を維持していくためには必要不可欠なものなのですが、組織の規模が大きくなっていったり、複雑になっていったりすると、それに伴って手順も複雑化して、その量も増えてくるという問題です。このようになってくると、もともとは「何かを効率的に行うための」手順だったにもかかわらず、それが逆に組織体の足を引っ張るものになってきます。

R・K・マートンは、その一例として「目標の転移」という現象をあげています。たとえば、「手順を的確に守る」ことは、大規模な組織を維持していくためにはたしかに必要かもしれませんが、それが次第に、自己目的化されてしまい、かえって能率を低下させるようになってしまっている状況です。

役所の窓口などでよくみられる風景ですが、窓口の担当者が、1～2分ちょっと手伝うだけでうまくいくような仕事でも、まず、正式な書式で記入した正式な申請書を提出し、それを係長が決裁したうえで、担当者を決定し、その担当者に文書で指示を出し、担当者はその仕事を行ったうえで、

注6：［Merton, R. K. (1949) *Social Theory and Social Structure: Toward the Codification of Theory and Research.* Free Press.　森東吾・森好夫・金沢実・中島竜太郎（訳）(1961) 社会理論と社会構造　みすず書房］

文書で報告書を出す。しかも、この申請の方法や報告書の書式がちょっと間違っていただけで、最初の段階まで差し戻されてやり直しになってしまうようなケースです。

また、細かいことによく気づくのが得意な人が、いつの間にか、この書式をチェックしたり、手順が正しいかをいちいち確認する専門家として分化してきたりします。

このように「目標が転移してしまった」状況の中では、もはや、組織が何をするためにつくられたものなのかという最終的な目標はあまり意識されなくなってしまい、組織の構成員は、手順を的確に守って作業することだけを重視するようになっていきます。むろんこのような組織では、効率的に目標の達成をすることはできなくなってしまいます。

また、手順を形式的に守ることが徹底されてくると、人々は次第に、きちんとした手順で指示された要求をきちんと実施するが、それ以外のことはしない物体、まるでロボットのようになってきて、融通が利かなくなってきてしまいます。

想定外のことがあっても、まず通常の手順に従って問題を解決しようとしますし、手順が定められていない場合には動けなくなってしまいます。このような状態をR・K・マートンは「訓練された無能」と呼んでいます。これも組織が硬直化してしまう重要な要因です。

さて、サボタージュ・マニュアルにもどりますが、なんとこのマニュアルにはR・K・マートンがこの「官僚制の逆機能」の研究を発表する前に、それを先取りした指摘がすでに多数載せられています。

たとえば、**「何事をするにも『決められた手順』を踏んでしなければならないと主張せよ」**（5章▼11(a)1）とか、**「すべての規則を隅々まで適用せよ」**（5章▼11(b)14）などのルールはまさにマートンが指摘した「目標の転移」や「訓練された無能」を意図的に引き起こそうというものです。

つまり、ある意味、時代の最先端を行く指摘をこの「サボタージュ・マニュアル」はしていたわけです。

■ともかく文書で伝達せよ

「形式的な手順」の一つの構成要素として、M・ウェーバーは文書主義をあげたわけですが、これはたしかに的確で誤りのない伝達は可能にするかもしれませんし、あとで要求や指示を整理したり、統計を取ったりする場合には非常に有用です。

しかし、これも徹底すればするほど仕事が停滞してくるのは明らかです。文書の作成には、労力と時間がかかるからです。言葉でひとこと伝えれば、あっという間に伝達できることでも、文書にすると数倍から数十倍の手間になってしまいます。

しかも、先ほど役所の例でもあげたように、「正式な書式でないと受理しない」などの手順が明確化されているとなお、「官僚制の逆機能」が働きやすくなります。このような組織上の特性をサボタージュ・マニュアル作成者が気づかないわけがありません。

ということで、このマニュアルの第2のポイントは、文書主義を徹底的に行うことです。

たとえば、**「文面による指示を要求せよ」**（5章▼11(b)1）、**「ペーパーワークを増大させよ」**（5章▼11(b)12）などのルールがこれにあたります。しかも、「文書はあとに残るものだから」ということで、細かい言い回しや形式の誤りに対して、際限なく注文や文句をつけていけば、組織における情報の伝達をいくらでも、停滞させることができるわけです。

■…そして文書を間違えよ

もちろん、文書化すると「書き間違い」が発生する可能性がありますが、じつは口頭での指示に比べて文書での間違いは、組織やその活動により大きなダメージをあたえることができます。

口頭での直接指示の場合、情報の受け手が「これは違っているのではないか」とか「ここはこうしたほうがいいのではないか」と感じたら、その場で直接、指示者や情報の送り手に確認したり意見したりすることが可能です。しかし、これが文書による指示の場合、そもそも、情報の誤りを発見しにくくなりますし、誤りを訂正するのも容易ではなくなるからです（多くの場合、情報の誤りを訂正するための正式な文書をつくらなければならなくなります）。

「形式的な手順の重視」と一緒に使えば、さらに効果は大きくなります。「誤りのある書類ははじめからつくり直し」だとすれば、かかる手間と時間は一気に増大してしまいます。

そこで、文書を作成するときは、次のような活動がサボタージュとしては重要になってくるわけです。**「指示を写し取るときに、材料の量を間違えよ。同じような名前を混同せよ。住所を間違えよ」**（5章▼11（c）1）、**「用紙に読みにくい文字で記入せよ。そうすれば、もう一度しなければならない。用紙に間違いを記入したり、必要な情報を記入するな」**（5章▼11（d）7）。

実際、役所を中心としてかなり多くの企業で、このような「正式な文書」による伝達が効率の低下を引き起こしています。私も長年公務員をやっていましたが、そこでは、このような現象は日常茶飯事でした。

公務の文書は、基本的にはその文言を修正液（ホワイト）などで修正することは許されていませんでした（これは正しい措置だとは思いますがので、文書作成を失敗すれば、基本的にははじめからつくり直しでした。しかも、「文書作成の失敗」というのが、本来、役職名と名前の間は3マスあけるべきなのに、2マス半しか空いていないから、やり直しといったレベルなのです。

しかも、これらの書類のほとんどは、偉い人が読んで（いや、実際にはたぶん読まないでしょう）、印鑑を押すと、そのまま、綴じられて廃棄期間まで誰も目にすることはないのです。議会や裁判に提出するなどの重要書類ならともかく、出張の報告や文具の購入までこういうやり方を徹底しているところが、まさに「手順を形式的に守ることが自己目的化」している状況なのです。

■会議を開き、議論して決定させよ

続いて興味深いのは、このサボタージュ・マニュアルでは、なんと「会議を開く」こと自体がサボタージュ活動としてあげられている点です。

多くの社会人がこのマニュアルに関心をもったのはまさにこのあたりの記述ですし、また、共感したのもこの部分です。

われわれの多くは、子どもの頃から「みんなで決める」ことが大切で、会議することは、民主主義の原則だといやというほど教えられてきたのに、いざ、社会に出て、会社で働いてみると、これほど時間と労力の無駄のようなものはないように思われるからです。

では、そもそも、本当に会議は役に立つのでしょうか、それとも本当にそれ自体がサボタージュ活動になるようなシロモノなのでしょうか。この

問題は心理学においてはじつはかなり古くから扱われてきたテーマなのです。(注7)

まず、最初に検討されたのは、そもそも本当に会議をすることによって優れた結論が得られるのか、つまり本当に、「三人寄れば文殊の知恵」となるのかという問題でした。

具体的にはある課題（たとえば、パズルや数学の問題）を、個人で実施する条件と集団で実施する条件で比較する実験が行われました。この実験の結果では、もちろん、集団のほうが優れたパフォーマンスを示したのですが、これは当たり前といえば当たり前です。個人対集団なのですから、個人はそもそも数のうえで負けてしまっています。

そこで、次に行われた研究は、集団と同じ人数の統制群を用いて彼らを「一人ひとり別々にして課題を同時に解かせ、その回答を持ち寄る」という条件と「みんなで集まって話し合いをしながら問題を解かせる」という条件で比較したのです。

その結果、興味深いことがわかりました。「みんなで話し合って

注7：そもそも、世界最初の社会心理学研究といわれているトリプレット（Triplett, N.）の研究は、多人数が集まっても集団のパフォーマンスはそれに見合うだけ上昇するわけではないとう研究でした。［Triplett, N. (1898) The dynamogenic factors in pacemaking and competition. *American Journal of Psychology*, **9**, 507-533.］

この問題に関する研究の流れについては以下の本の第５章に詳しくまとめられています。［Brown, R. (1988) *Group processes: Dynamics within and between groups*. Basil Blackwell.　黒川正流・橋口捷久・坂田桐子（訳）(1993)　*グループプロセス—集団内行動と集団間行動*　北大路書房］

問題解決」よりも「一人ひとりの寄せ集め」のほうが、より効率的に、的確に課題を解決できることがわかったのです。つまり「三人寄れば文殊の知恵」ではなく、「三人集めて寄らせないこと」が文殊の知恵を導くわけです。「集めたメンバーを寄らせてしまうこと」＝「会議を開くこと」は、じつは集団のパフォーマンスを低下させてしまう可能性をもっているわけです。(注8)

■なぜ集まると集団のパフォーマンスが低下してしまうのか

では、なぜ会議を開くことで、かえってパフォーマンスが低下してしまうのでしょうか。じつはそこにはいろいろなメカニズムが存在していることがわかってきました。それを以下にあげてみましょう。

(1) 社会的手抜きの発生

人は自分一人で仕事をする場合、外からも、自分自身としても、「自分がどれだけの仕事をしたのか」を確認することができます。

注8：このタイプの研究は数多く行われていますが、たとえば、テイラーらのグループが行った以下の研究などがその一例です。
［Taylor, D. W., Berry, P. C., & Block, C. H.（1958）Does group participation when using brainstorming facilitate or inhibit creative thinking? *Administrative Science Quarterly*, 3(1), 23-47.］
この効果は、会社の会議のようなお互いが、さまざまなアイデアを出して、問題を解決するような課題では、パズルを解かせたり、出来事の記憶を思い出すなどの課題より顕著に生じることが知られています。

ところが集団で作業をする場合には、個々人がどれだけ集団全体の作業に貢献したのかが見えてきません。このような状況において、人は手を抜きがちになるということがわかっています。

この傾向は集団が大きくなればなるほど顕著になります。これを社会的手抜き現象といいます。社会的手抜き現象はかなり頑健な現象で、しかも、特に自分で意識しなくても発生してしまう現象です。(注9)

(2) 評価懸念による発言の抑制

会議の場面では、人は問題自体の解決よりも自分自身が他人からどのように評価されるのかを気にします。議題の問題は一過性ですが、自分に対する評価はこの先もずっと続くからです。そのため、「変な意見を言って自分の無知がさらけ出されたらどうしよう」と考えたり「また、やっかいなことを言うやつがでてきたぞ」と言われないように注意を払います。会社によっては「社長(部長、課長など)ににらまれないように」といったことも重要になってくるかもしれません。

このような状況は自由で積極的な発言を抑制してしまいます。それどこ

注9：社会的手抜き に関しては以下の本に詳しく書かれています。
[釘原直樹(2013)人はなぜ集団になると怠けるのか―「社会的手抜き」の心理学 中央公論新社]

ろか、集団が間違った方向に進んでいるのではないかと思っても、そのような発言を差し控えてしまうことも少なくありません。

社長は「気になることがあれば、いつでも受け入れるからじゃんじゃん言ってください」などと言うかもしれませんが。本当に何でも受け入れる広い心をもっている社長は、そうは多くないことくらい社会人ならみんな知っているのです。これを評価懸念といいます。

(3) 沈黙の螺旋

A案とB案、どちらにするかという議論をしているときに、みなさんは「自分はB案がいいと思うが、会議に参加している他の人の多くはA案がいいと考えているようだ」と感じたとしましょう。こういう状況でも、あくまで、自分の考えているB案のすばらしさを主張することもできるかもしれませんが、多くの人はあえてそのような主張をしないで、だまって状況を傍観することを選択することが多いのです。この原因は一つは、先ほどあげた評価懸念です。

一方で、もしみなさんがA案を支持していたとしたら、A案の利点について発言するのは、B案を主張するよりははるかにハードルが低いのではないでしょうか。人と同じ意見を主張することは相手から好意を得られる可能性が高いので評価懸念は少なくなるわけです。その結果として、集団で議論すると次第に多数派に見える意見のほうが多くなり、少数派はだんだん発言しにくくなってしまうのです。

この傾向はだんだん大きくなり、最終的には、多数派の意見ばかりが主張されるようになってしまい、少数派からは、重要な意見やアイデアや問題点の指摘などが出なくなってしまいます。

じつは企業などの活動において、イノベーティブなアイデアは、むしろ、反対意見や少数派がもっていることが知られています。しかし、このような意見は表明されることなく、無難で現状維持的な多数派の意見にまとまってしまうわけです。

ドイツの政治学者エリザベート・ノエル＝ノイマンは、このような現象を世論の形成プロセスの中で見いだし、これが、ファシズムや全体主義といったとんでもない現象を引き起こした重要な原因であると考えました。彼女はこれを「沈黙の螺旋(注10)」と呼んでいます。

注 10：[Noelle-Neumann, E. (1974) The spiral of silence a theory of public opinion. *Journal of communication*, **24**(2), 43-51.] [Noelle-Neumann, E. (1980) Die Schwelgespirale, Zuerich: Piper, Muenchen. 池田謙一・安野智子（訳）(2013) 沈黙の螺旋理論―世論形成過程の社会心理学　北大路書房]

一般企業の会議においてもまさにこのような現象が生じているケースは少なくないのではないでしょうか。

(4) 同調

さて、このようにして多数派の意見が議論の主流になってくるともはや、少数派は多数派の意見に同調してしまうようになります。これは多数派の意見が正しいと思うようになったから同調する（私的同調）ではなく、自分の意見は違うけれども、とりあえずみんなと同じ意見に従っておけばもめないから同調してしまおうという同調（公的同調）です。

しかし、よく考えてみてほしいのですが、「多数派」は本当に「多数派」なのでしょうか。じつは数人を除いてすべての人が心の中ではその意見に反対なのに、いま場に出ている意見が多数派なのだと思い込んでしまって、それに「公的同調」してしまっているといった可能性はないでしょうか。

会議は他人の腹の探り合いという側面ももっていますので、他人の腹の中を誤って推測してしまったり、最初の発言者がたまたま意見を断定的にはっきりと表明したことによって、じつは「多数派」ではない見解が会議体全体の見解になってしまうということもあるのではないでしょうか。

経営の世界でも、歴史の世界でもこのような現象はしばしば発生してきました。そもそも、会議においては発言する人の分布は一部の人に大きくかたよります。実際には、議論の80％くらいは、最もよく発言する20％くらいの人（参加人数が多くなるとこの割合はもっともっと低くなります）によって担われています。とすると、この20％の意見が、単に強く主張されたり、数多く発言されたという理由によって、反対意見が言いにくくなり、「沈黙の螺旋」と同調のメカニズムによって集団の結論になってしまう可能性は大きいのです。

(5) 調整損失

ところでみなさんは、会議のときに何をしている時間が一番多いでしょうか。内職とか「ぼけっとしている」時間かもしれませんが、重要な案件で自分も一生懸命会議に参加している状況でも、一番多いのは、「発言のタイミング」を待っている時間ではないでしょうか。

このような時間は、単なるタイミング待ちの時間で、意外と人の話も聞いていないし、自分でも考えていないので、じつは無駄な時間となってしまっています。集団での作業では、このようなタイミングを合わせるための労力と時間がかかってきます。

社会心理学者のI・D・スタイナーは会議体で生じるこのような時間や機会の損失を「調整損失」と呼んでいます。調整損失は、集団の人数（会議の参加人数）が多くなればなるほど大きくなります。(注11)(注12)

■集団は個人の能力を封じ込める

さて、これらのメカニズムはいずれも「会議をする」ということ、特に民主的にみんなで話し合って決めることが、必ずしも参加者の能力を効果的に合体させるものではないことを示しています。じつはそれどころではなく、会議をすることによって、組織の「足を引っ張る」ということも生じる可能性が少なくないのです。

みなさんは会議などの「みんなで決める」というプロセスが

注11：もし、このようなロスが生じなければ、集団や会議体はイノベーティブで強力な意思決定が可能なのではないかという希望は残されています。ただし、実際にはかなり困難だということもわかってきています。

注12：経営学者のレイ・フェスマンとティム・サリバンは、会議体の最も重要な役割はCEOなりリーダーなりが各部門の担当者から直接話を聞く機会を提供する場所であることだという趣旨のことを述べています。これはどちらかといえば、会議を肯定的にみる視点ですが、集団の力を合わせるというよりは、CEO個人の能力を発揮させるという考え方です。

［Fisman, R. & Sullivan, T.（2013）*The org: the underlying logic of the office.* Twelve.　土方奈美（訳）（2013）　意外と会社は合理的　日本経済新聞出版社］

表2　メイヤーとソレムが実験で使用した「馬の取引問題」

ある人が一頭の馬を60ポンドで買って、それを70ポンドで売った。次にその人は、その馬を80ポンドで買い戻し、再度それを90ポンドで売った。その馬売人は、いくら儲けたでしょうか。 （答えは、20ポンドだが、多くの人が10ポンドと答えてしまう）

行われたことによって個人の優れたアイデアや指摘が封じ込められたり、つぶされたりするのを目にしたことはないでしょうか。心理学の実験では、集団での作業によって、個人の能力をかえって封じ込めてしまい、場合によっては、誤った意思決定や愚行が引き起こされてしまうという現象が実験によって多数示されています。

たとえば、社会心理学者のM・R・F・メイヤーとA・R・ソレム(注13)は表2にあげる「馬の取引問題」を使用した実験を行いました。

この問題の解答は20ポンドです（最初の売買での儲け10ポンド＋次の売買での儲け10ポンド＝20ポンド）。しかし10ポンドという答えがでてきてしまうケースが少なくありません（最初の売買のあとで、70ポンド

注13：[Maier, N. R., & Solem, A. R. (1952) The contribution of a discussion leader to the quality of group thinking: the effective use of minority opinions. *Human Relations*, 5, 277-288.]

で売って80ポンドで仕入れたというところを、80－70＝10ポンドの赤字として考えてしまい、10－10＋10＝10としてしまうのです。実際には、この部分は赤字ではありません。この問題では売買したのが、たまたま同じ馬なので、このような誤りが生じやすくなってしまうのですが、違う馬だとして考えてみてください、正解が直感的に理解しやすくなります）。だいたい、成人でも初見でトライすると半分以上の人がひっかかります。

さて、メイヤーらは、この問題を5～6人グループで解かせたのですが、このグループの中には正答を知っている人が必ず1人以上入っていました。つまり、個人の能力を適切に引き出せれば、すべてのグループが正答に達することができるはずです。ところが、実際には28％もの集団が、グループとして誤った解答を導いてしまったのです。グループ内に存在していた「正しい知識」を集団が利用できなかったわけです。

■スペースシャトル墜落の原因も「会議」

また、じつはスペースシャトルの事故には、すべて会議体による個人の能力の封じ込めのプロセスが関わっていました。
スペースシャトルは全部で5機が製造され、135回のミッションをこなしましたが、5機のうち「チャレンジャー」と「コロンビア」が事故を起こして、合計14人の乗組員が死亡してしまいました。
このうち、スペースシャトル「チャレンジャー」は、1986年1月28日に打ち上げの途中で爆発しました。この事故に際しては、打ち上げ当日に気温が非常に低くなることが予測されたので、シャトルの部品を製作している下請け会社の技術者が、危険性を指摘していたのに、「会議」によってその発言が封殺されて、事故が発生してしまったのです。(注14)
また、スペースシャトル「コロンビア」は、2003年2月1日、発射の際に主翼前縁の強化カーボンとカーボン断熱材が損傷したことにより、大気圏再突入時に空中分解してしまいました。この事故では、NASAの技術者のロドニー・ローシャが、打ち上げ時に断熱材が破損した可能性を早くから指摘し、再三にわたって、人工衛星からその部分を高解像度で撮影することや乗組員に直接チェックさせることを要求したのに対して「会議」でその意見が封殺されて、事故が発生したことが後の調査でわかりま

注 14：[Esser, J. K., & Lindoerfer, J. S. (1989) Groupthink and the space shuttle Challenger accident: Toward a quantitative case analysis. *Journal of Behavioral Decision Making*, 2(3), 167-177.]

した。(注15)

「可能なところでは、『さらなる調査と検討』のためにすべての事柄を委員会に委ねろ。委員会はできるだけ大人数とせよ（けっして5人以下にしてはならない）」（5章▼11（a）3）、「重要な仕事をするときには会議を開け」（5章▼11（b）11）といったルールがサボタージュになり得るのは、じつはこのような現象が頻繁に生じるからなのです。

■行動するな徹底的に議論せよ

さて、このマニュアルでは会議とともに、重要案件が生じたら、行動する前に、あらゆる検討をしろという趣旨のことが書かれています。たとえば、「**あらゆる決断に対する妥当性について懸念を示せ**」（5章▼11（a）8）というルールがそれにあたります。

このルールの目的は、結局のところ、意思決定を遅らせたり、混乱させることなのですが、しかし、考えてみると、「決断に際してあらゆる可能性を吟味する」というのは、むしろ、優れたリーダーが行うことのような気もします。

注15：［Starbuck, W., & Farjoun, M. (Eds.).（2009）*Organization at the limit: Lessons from the Columbia disaster.* John Wiley & Sons.］

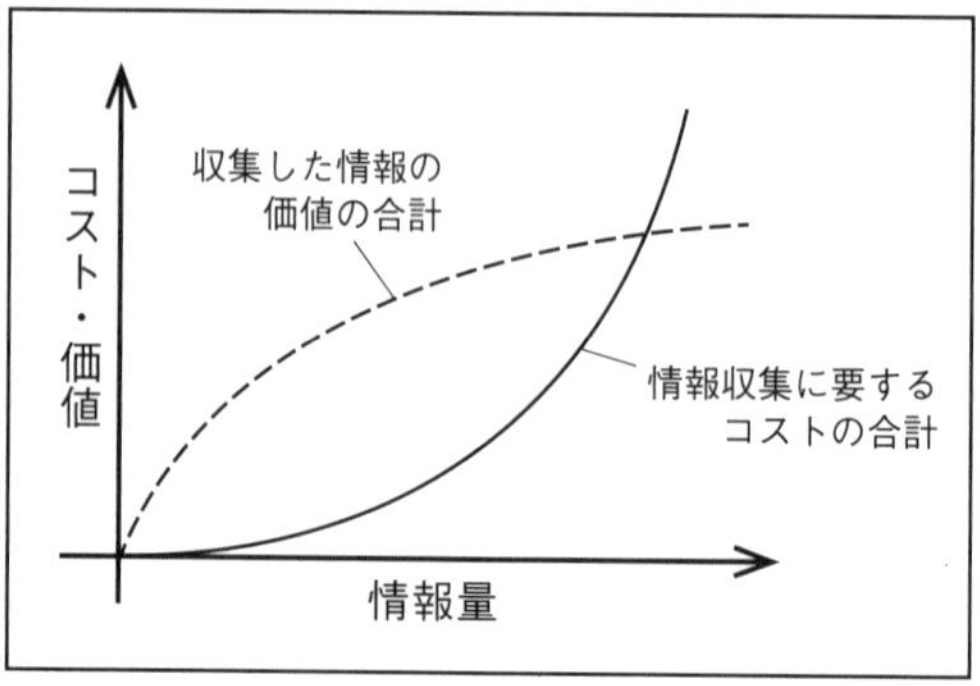

図1　情報収集コストは、収集する情報が増加するにつれて加速度的に大きくなるが、収集される情報の価値は逆に小さくなっていく（Harrison, 1996 をもとに作成）

現在でも、ビジネススクールでは、意思決定をする前に、莫大な客観的データを集め、定量的に分析し、不測の事態やシナリオについて検討してから、意思決定をすべしと教えられています。つまり、このようなルールに従えば、かえって優れた意思決定がなされてしまう可能性があるとは考えられないでしょうか。つまり、サボタージュにならないというわけです。

しかしながら、近年の研究者の中には、このようなビジネススクール型の意思決定は特に変動が激しく不確実性を伴う環境下ではあまり効率的ではないと考えることが多くなっ

てきています。(注16)

これは情報収集コストに関する問題です。もし、情報収集コストが存在せず、すべての情報が即座に手に入り、分析も即座にできるのであれば、意思決定の前に可能な限りの情報を収集するのはたしかに意味あることかもしれません。しかし、現実社会では、情報収集のためにはコストもかかり、時間もかかり、分析もすぐにはできないのが普通です。

ここで特に重要なのは、時間の問題です。多くの情報が収集されるまで、決定をせずに情報が集まるのを待つというのはそれ自体が大きなコストになってしまいます。そのため、優れた意思決定をするためには単に情報を収集するだけでなく、適当な時点で情報収集を「打ち切る」という判断がじつは重要になってくるのです。

「決断に対してはあらゆる可能性を吟味せよ」というのは一見正しそうなのですが、このようなルールによって、情報収集の「打ち切り」ポイントをずらしていくことは、組織の置かれた状況によっては、適切なタイミングで意思決定をすることを妨害し、これ自体がサボタージュになってくる可能性があるわけです。

注16：[Fredericson, J. & Mitchell, T.（1984）Strategic decision processes: comprehensiveness and performance in an industry with unstable environment. *Academy of Manegement Journal*, 27, 399-432.]［Harrison, F.（1996）*The managerial Decision-Making Process.* 5th edition. Cengage Learning.］

サボタージュ・マニュアル作成時に理論的に、ここまでのことが考えられていたとは思えませんが、これも現代から見ても興味深い論点だといえるでしょう。

■コミュニケーションを阻害せよ

多数の集団メンバーが一つの目標に向かって活動する場合、コミュニケーションは血液のような役割を果たします。情報を円滑に伝達していくことは、組織をまとめていくためにも方向づけていくためにも欠くことができない要素です。そのため、この血液の流れを阻害するような工作をしていくことは、サボタージュのための重要な戦略の一つとなります。

コミュニケーションの阻害に関して、このマニュアルでおもに重視されているのは意図的な「誤解」「理解できないふり」、そして「大切なことを伝達しない」という方法です。

「指示を『誤解』せよ。その指示をめぐって、切りのない質問を投げかけよ、あるいは長ったらしい返信を送れ」（5章▼11（b）2）、**「指示を理解するのがむずかしいと偽り、何回もくり返すように尋ねろ。あるいは、その仕事をす**

るのが特に不安であると装い、不要な質問で主任を困らせよ」（5章▼11(d)4）などのルールです。

現代社会の組織においてはこれに加えて、そもそも自由な発言を阻害するような環境を設定することも有効かもしれません。先にも述べたように、組織のイノベーションは、どちらかといえば、少数派のメンバーから生み出されるものですので、これを封じ込めるような環境であれば、組織は弱体化していきます。

また、日々の仕事上のちょっとした工夫やアイデア、仕事上の問題点などもそれがそもそも発言できないような環境をつくっていけば、組織は柔軟性を失い、次第に弱っていくのは明らかです。

さて、集団の成員に自由な発言をさせないようにするために最も重要になってくる概念は、先ほどもあげた評価懸念です。組織論の研究者であるA・C・エドモンドソン(注17)は、評価懸念を生じさせないことで組織は活性化し、イノベーションを生み出せると述べています。評価懸念が生じない組織を彼女は「心理的安全」のある組織と呼んでいます。

サボタージュの観点からは、この逆のことをすれば効果的ということに

注17：[Edmondson, A. C. (2012) *Teaming: How organizations learn, innovate, and compete in the knowledge economy*. John Wiley & Sons.]

なります。つまり、組織に「心理的安全」をつくらせなければよいわけです。

エドモンドソンは、「心理的安全」をスタッフに行き渡らせるためには、リーダーシップが重要であるとしています。そして、心理的に安全な関係をつくり出すためのリーダーの行動をあげています。

それは、直接話のできる、親しみやすい人になる、自分もよく間違うことを積極的に示す、失敗を責めずそれは学習する機会であることを強調する、具体的な指示を行う、参加をうながすなどです。ということは、リーダーが、これを裏返して実行すれば、組織力を弱体化させることができるわけです。

エドモンドソンは、ある心臓外科の手術チームにおいて優れたリーダーがくり返し述べていた次の台詞を引用しています。「君たちの意見が必要だ、私はきっと何かを見落としているだろうから」。サボタージュの観点からすれば、こう言えばいいわけです。「俺に文句を言うことは許さん、おまえらがまともに仕事をできたためしがあるか。俺に意見するなど千年早いんだ！」

■組織の危機自体がコミュニケーションの阻害を招く

組織の成員のコミュニケーションを阻害するのは、けっして、リーダーの問題だけではありません。組織全体の風土や組織の現在置かれた状況にも影響されます。

たとえば、組織の業績悪化は、コミュニケーションの阻害を引き起こす可能性をもっています。

企業の業績が悪化し、斜陽化してくると、リストラの危機がやってきます。社員たちはいつ自分が解雇されるかと恐れるようになってきます。このような状態になったときに組織に一番求められるのは、イノベーションと新しいアイデアであり、そのためにはエドモンドソンが言うような心理的に安全な環境での自由闊達な議論が必要になるわけですが、リストラにおびえている社員は、むしろ、目だたないようにして、自分がリストラの対象として「浮上」してしまうことを避けます。評価懸念も高まり、多数派への同調傾向も大きくなります。そのため、彼らの発言、特にイノベーティブな発言は抑制されることになってしまうのです。その結果、組織の業績はさらに悪化してしまい、破滅に向かっての「底なし沼のスパイラル」

に陥ってしまいます。

■組織内にコンフリクトをつくり出せ

さて、社会学や組織論などの授業では、必ずふれられる項目として「ホーソン実験」があります。これは、E・メイヨーを中心としたハーバード大学の研究者たちが、ウェスタン・エレクトリック社の工場で、照明の明るさや休憩時間、賃金などの条件をさまざまに変化させて、それと作業効率の関係について行った大規模な実験のことです。

この実験の結果、興味深いことがわかってきました。それは、照明などの物理的な作業環境と作業効率にはあまり関係がなかったということです。作業効率に関係していたのは、フォーマルな職場の環境ではなく、むしろ、職場内での人間関係、特にインフォーマルグループといわれる非公式な職場集団における人間関係だったのです。(注18)

ということは、組織の活動を妨害するためには、職場の物理的な環境を悪化させるよりも、むしろ、組織内での人間関係を悪化させることのほうが有効なサボタージュ戦略になるはずです。

注18：ホーソン実験や経営学における人間関係論についての議論は以下の本に詳しく書かれています。
［吉原正彦・経営史学会（2013）メイヨー＝レスリスバーガー―人間関係論（経営学史叢書） 文眞堂］

そこで、このマニュアルにも組織内の人間関係を悪化させ緊張を持ち込むためのノウハウが含まれているわけです。「**できる限り怒りっぽく、言い争**」ったり（5章▼12(d)）、労使関係を悪化させるような組織づくり（5章▼11(d)8）をすることは、社員の中に緊張と対立を生み出します。

■集団維持機能をおろそかにする

日本で生み出されたリーダーシップ理論として著名なものに九州大学の社会心理学者三隅二不二が1966年に提唱したPM理論があります。(注19)

この理論では、リーダーシップの機能をP（Performance）機能、つまり、グループの目標を達成するために計画を立て、成員を方向づけ、指示や命令をあたえ、評価するという機能と、M(Maintenace)機能、つまり、成員の人間関係を調整し、成員間のストレスを減少させ、集団のまとまりを維持する機能の2つに分けています。そして、このP機能とM機能を両方バランスよく

注19：PM理論については、わかりやすい入門書は数多くでていますが、その中には正確でないものも少なくありません。コンパクトでわかりやすく、正確に書かれている入門書としては、以下のものなどがあります。
［小野善生（2013）最強の「リーダーシップ理論」集中講義―コッター、マックス・ウェーバー、三隅二不二から、ベニス、グリーンリーフ、ミンツバーグまで　日本実業出版社］
以下の2冊では、三隅自身の言葉でPM理論が解説されています。
［三隅二不二（1978）リーダーシップの行動科学　有斐閣］［三隅二不二（1986）リーダーシップの科学―指導力の科学的診断法　講談社］

行えるリーダーが優れたリーダーであり、集団もこの場合に最もよい成果を示すことができるということを明らかにしました。

ここで重要なのは、集団の能力を発揮させるためにはP機能だけではだめだということです。ホーソン研究においても言及されているとおり、じつは組織をしっかり動かしていくためには、M機能がかなり重要になってくるのです。

しかし、これは組織の管理者にはなかなか見えない現象です。いまでも「従業員同士のレクリエーションとか飲み会をやっている時間があれば、仕事をしろ」と考えているような企業も少なくありません。サボタージュの観点からすれば、管理者の目につきやすいP機能へのサボタージュよりも、むしろ、M機能にダメージをあたえるサボタージュが効率のよいやり方かもしれないのです。

皆さんの周りの職場でも、優秀な社員が辞めたり、グループが成果を上げられないというケースは少なくないと思われますが、その原因は、会社の環境や物理的な問題よりはむしろ、グループ内の人間関係なのではないでしょうか。

そのような意味で、三隅のＰＭ理論やその前身となったアメリカでのリーダーシップ研究（１９５０年代に行われたミシガン研究など）に先駆けて、Ｍ機能にダメージをあたえるサボタージュのルールを取り入れたこのマニュアルは時代の先を見据えていたものだと考えられるでしょう。

■組織の注意を組織の外側に向けるな

社会心理学では、集団を一体化させるための一つの有効な方法は「外に敵をつくる」ことだということがわかっています。外部の敵の存在が意識されると、われわれは「内集団」と「外集団」の区別が明確になり、内集団に対してより好意的な態度や行動が、外集団に対してはよりネガティブな態度や行動が生じます。「外の敵に立ち向かわなければならないのに内輪もめしていてどうする」という状況になるわけです。

このような状況では、Ｍ機能はもちろん、組織の力が強力になってしまいます。そのため、このテクニックは多くの国家が国民統制のために用いています。国内の政治や経済に問題が生じると、「敵国」に対する脅威を声高に宣伝するのです。この方法によって国民を団結させ、国内問題を沈静化させることができるのです。

ということは、サボタージュの観点からは、「外に敵をつくらない」ようにしなくてはいけないということです。人間は興味深いことに、外に敵がいない場合には中に敵をつくって、ローカルな「内集団」と「外集団」をつくろうとします。つまり、内部で分裂するのです。組織内に敵ができれば、集団はうまく働かなくなってくるわけです。

日本の会社組織においても、ライバル会社との熾烈な争いがあるうちは「敵を外につくることができる」のでまだいいのですが、安定してくると、内部の出世争いや派閥争いなどが自然発生的に生じてしまい、組織がどんどんだめになってしまうというケースは少なくないのではないでしょうか。

■「黒い羊」効果を生じさせよ

さて、ここでみなさんに紹介しておきたい一つの概念があります。それは「黒い羊効果」と呼ばれるものです。(注20)

黒い羊効果とは、自分たちの所属する集団（内集団）にとって都合の悪

注 20：[Marques, J. M., & Yzerbyt, V. Y. (1988) The black sheep effect: Judgmental extremity towards Ingroup members in inter- and intea-group situations. *European Journal of Social Psychology*, 18, 287-292.]

いものを阻害して排斥するような現象をさします。興味深いことに、内集団における「黒い羊」（排斥される人々）は、外集団の望ましくないメンバーよりもさらに低い評価になることがわかっています。つまり、「他の会社の嫌いなやつよりも自分の会社の嫌いなやつのほうが、より嫌い、あるいは、よりむかつく」という現象です。これは、みなさんも心あたりがあるのではないでしょうか。

外集団が存在する場合でも、自らの属している集団を誇りに思っていたり、その集団に強いアイデンティティを感じている場合には、特に「黒い羊」が生み出されやすいということがわかっています。いじめももちろんこの効果が関係している現象です。サボタージュの観点からは、敵となる集団が存在する場合でも、黒い羊を意図的につくり出すことができれば、集団内に問題を生じさせることができると考えられます。

また、集団内で排斥されたメンバーは、その集団の活動自体に対して自発的に攻撃行動を仕掛ける場合があります。(注21)「いじめられっこ」をつくることはじつは、組織にとっては大きなリスク要因になり得るのです。もちろん、このような内部分裂的な行動が生じれば集団のパフォーマン

注21：アメリカなどで頻発している学校や職場での銃乱射事件は、「いじめられっ子」や集団から排斥されたメンバーが犯人であることが普通です。
［越智啓太・木戸麻由美（2011）大量殺傷犯人の属性と行動パターン（1） 法政大学文学部紀要，62，113-124.］［越智啓太（2003）アメリカの学校における銃乱射事件の分析 東京家政大学臨床相談センター紀要，3，19-28.］

スは低下してしまいますし、場合によっては組織が崩壊してしまうこともあり得ます。

さすがにサボタージュ・マニュアルはこの点については明示的には書いていませんが、現代版サボタージュ・マニュアルをつくる場合にはこのような点に注目するのも一つの手かもしれません。

■士気をくじけ！

さて、ここまでに、集団内のコミュニケーションを阻害し、インフォーマルグループにダメージをあたえたので、これだけでも、相当なサボタージュ活動が実施できそうですが、このマニュアルでは、さらに重要なサボタージュ戦略が提案されています。それは、個人の士気の問題に関するものです。組織やグループが大きな成果を出せるかどうかは、やはり最終的には個人の士気、やる気にかかってくるからです。

成員の士気の高さは、場合によっては「官僚制の逆機能」やインフォーマルグループのトラブルを乗り越えてしまうほどの力をもっているのです。そのため、士気をくじくという戦略を加えることは、組織に対するサボタージュにおいてはかなり重要な位置を占めることになります。

では、サボタージュ的な観点から見て、どのようにすれば個人の士気をくじくことができるのでしょうか。最も効果的な方法の一つは、「学習性無力感」(注22)を醸成することです。

学習性無力感とは、「自分がやったこと」と「成果や報酬」に関連がないことを学習することによってやる気が減退するという現象です。つまり、「一生懸命やっても、何も変わらない、何も報われない」ということをたたき込むことによって、組織の成員のやる気を一気に失わせてしまうのです。

たとえば、みなさんも「一生懸命勉強すればいい点が取れてほめてもらえる」「勉強をサボれば、悪い点になって怒られる」という関係をいままでの人生の中で、学んできていると思います。このような関係を「随伴性がある」とか「効力感がある」といいます。このような状況では、われわれは、勉強する意欲が生まれやすいことがわかっています。つまり、士気の高い状態です。

でも、いまこうなったらどうでしょうか。「自分が勉強する量とテス

注22：学習性無力感は、セリグマン（Seligman, M. E. P.）によって提唱された概念です。うつ病や、勉強、仕事に対する動機づけ、燃え尽き症候群などの現象と関連しています。学習性無力感を紹介した研究と論文としては、以下の著作と論文が参考になります。［M. E. P. セリグマン／平井久・木村駿（訳）（1985）うつ病の行動学―学習性絶望感とは何か　誠信書房］［鎌原雅彦・亀谷秀樹・樋口一辰（1983）人間の学習性無力感（Learned Helplessness）に関する研究　教育心理学研究, 31(1), 80-95.］

ト結果に関係がない」。つまり、勉強してもしなくても、高い点が取れたり低い点になったりして、この間に関連がないという状況です。このような状況に気づくと一気に勉強する気が失せてしまうのではないでしょうか。

さて、このような「学習性無力感」を意図的につくり出すためにはどうすればよいでしょうか。サボタージュ・マニュアルの次の項目を見てください。「**非効率的な作業員に心地よくし、不相応な昇進をさせよ。効率的な作業員を冷遇し、その仕事に対して不条理な文句をつけろ**」（5章▼11 (b) 10）。これを行うと、効率的に一生懸命仕事をしている作業員は自分がやっていることがばからしくなるか、何をすればよいのかわからなくなってきます。つまり、学習性無力感が職場につくられてしまい、作業員の士気は大きく損なわれるのです。(注23)

みなさんも、たとえば、会社で自分よりもおそらく劣っているであろう人物がいきなり抜擢されたり、出世したり、サークルやクラブ活動で自分よりも実力のない人が選抜メンバーに選ばれたりして、一気にやる気を失ったり、会社やクラブをやめたくなったということは少

注23：実際にはここで行われているのは、仕事が非効率的に行われることを強化しているわけであり、厳密に言えば、学習性無力感とは異なります。仕事の能率性と関係なく、ランダムに昇進や昇給、降格や減給を行うことがむしろ、「学習性無力感」手続きです。ただ、人間の組織行動を考えると、純粋な学習性無力感手続きを導入するよりも、「非効率の強化」寄りの手続きをとったほうが、成員の士気を低下させることができると考えられます。

なくないでしょう。

これに関しても、心理学の分野や経営学の分野で「学習性無力感」という概念がつくられる以前から、サボタージュ・マニュアルではこの種のルールがあげられており、なかなか感心させられます。

■サボタージュ・マニュアルの現代的な意義

サボタージュ・マニュアルのビジネスと組織に関する部分について、現代の組織論、社会心理学の観点から見てきたわけですが、サボタージュ・マニュアルは、経験的につくられたわりにはその後の学問的な進歩を先取りした優れたものだったということがおわかりになったと思います。しかも、その内容は現在でもまったく色あせておらず、多くの会社組織でそのまま使用できます、というか、わざわざサボタージュを試みなくても、多くの組織やグループでは、このマニュアル通りの運営が行われているのが現状でしょう。そのような意味で、解説1で述べたようにこのマニュアルは、一種の皮肉あるいは風刺として読んでいくことができると思われます。

また、考えてみれば、この時代に問題にされていたことが、インターネットやハイテクノロジーの現代社会の会社組織においてもそのまま適用できたり、風刺として読み込むことができること自体が滑稽でおもしろいことかもしれません。なぜなら、われわれは、第二次世界大戦後、今日まで、当時の人から見れば夢のようなテクノロジーを開発し、それらは日常生活の中に浸透してきましたが、人間のふるまいやその集積である組織のふるまい自体はほとんど変わっていないということを意味するからです。

おそらく、今後何十年たっても、このマニュアルは同じように、「風刺」として楽しめるものになるでしょう。結局人間は、相も変わらず同じようなことをし続けると思われるからです。

90

SIMPLE SABOTAGE FIELD MANUAL

Strategic Services

(Provisional)

サボタージュ・マニュアル（暫定版）

戦略諜報局局長の指示により作成
米国戦略諜報局リプロダクション支部
戦略諜報局フィールドマニュアル No. 3

米国戦略諜報局　ワシントンＤＣ
1944 年 1 月 17 日

SIMPLE SABOTAGE FIELD MANUAL

https://www.cia.gov/news-information/featured-story-archive/2012-featured-story-archive/CleanedUOSSSimpleSabotage_sm.pdf

この「サボタージュ・マニュアル」は、関係者全員に情報と手引きを提供するために編集された。これは、本題に関する戦略諜報訓練の基本的原則として利用されるものである。

本マニュアルの内容は細心の注意をもって取り扱われるべきであり、権限を有しない者の手に渡るようなことがあってはならない。

本指示は、作戦行動の分類ごとに小冊子やプリントとして印刷することもできるが、細心の注意を払い配布されるべきであり、広範囲に配布されるものではない。ローカル放送と特例においてのみ、ラジオ放送の資料として、また戦域司令官による指示として利用されるものである。

秘密文書を扱う際に付随するAR 380-5（訳注1）が、本マニュアルを取り扱う際にも適応されるものとする。

ウィリアム・J・ドノヴァン

目次

1章　序文

a　本マニュアルの目的は、誰でもできるちょっとしたサボタージュについて説明し、その効果を概説したうえで、その誘発方法と実行方法を提示することである。

b　サボタージュは、詳細な計画と特別に訓練を受けた工作員による高度な技術を必要とする奇襲攻撃から、一般市民が妨害工作員となり実行することができる無数の誰でもできる行為までさまざまなものがある。本書では、おもに後者のタイプについて述べていく。この種のサボタージュは、特別な道具や装備を必要としない。これは、個人で行動している市民であっても、組織されたグループとの積極的なつながりを必要とせずに実施できるものである。損傷、発覚、報復の危険性を最小限とするような方法で実行するべきである。

DECLASSI

c 破壊活動が必要なところでサボタージュを担う市民の武器は、家庭内または特定の職種に就く労働者として、当然所有していると考えられる、塩、くぎ、ロウソク、小石、糸などのような物質である。市民サボタージュの武器庫は、台所の戸棚、ゴミの山、普段使用する道具箱や生活必需品であろう。サボタージュの標的は、通常、日常生活の中で普通に接することができたり、目だたないで近づくことができるものとなる。

d この種のサボタージュでは、破壊的な道具を用いることなく、たとえ必要だとしても非常に間接的な方法で、物理的な損害をあたえる。それは、誤った決断をくだすこと、非協力的な態度を取ること、他の者に前例に従うようにうながしたりすることのような、身近な機会を利用することである。誤った決断を下すこととは、単純には、道具をいつもの場所に置く代わりに別の場所に置くようなことであろう。非協力的な態度とは、仕事仲間の間で、口論したり、つっけんどんな態度や愚行を示すことのように、不快な状況をつくり出す以上のものは含まれないであろう。

e 「人的要因」として見なされる、この種の活動は、平時においてでさえ、頻繁に事故、遅延、一般的な障害の原因となっている。サボタージュに関与する可能性のある者は、どのような種類の誤った決断や行為が、普段の自分の業務内容に見いだされるかを調べ、その「許容誤差」を拡大することによってサボタージュを工夫すべきである。

2章　推定される効果

[a] 誰でもできるサボタージュ活動は、ヨーロッパ中で行われている。その効率を高めながら、感知される可能性を低め、その量を増やすために努力すべきである。数千にも及ぶ市民のサボタージュ活動は、敵に対する効果的な武器となる。タイヤに切り込みを入れること、燃料タンクに穴を開けること、出火させること、口論を始めること、変な振る舞いをすること、電気回路をショートさせること、機械部品を摩耗させることとは、資材、人材、時間を消耗させることにつながるであろう。広範囲に実施することによって、サボタージュは敵の戦争遂行努力に対する持続的かつ効果的な障害となるであろう。

[b] サボタージュは、程度の差はあるものの、そこから生じる二次的な効果もある。広

DECLASSI

く行われるサボタージュ活動は、敵役人や警官を悩まし、士気をくじくであろう。さらに成功によって、サボタージュを担う市民がより広範囲にサボタージュを助けてくれる仲間を見つけることにつながるであろう。そして、敵陣や占領地における市民サボタージュ活動は、連合国の戦争遂行努力に積極的に参加しているという感覚をもたらし、連合国の侵攻や占領中に市民が公然と支援するようにうながすであろう。

3章　サボタージュの促進

[a] サボタージュに参加するよう市民を励まし、長い期間にわたりサボタージュを持続させることは、特殊な問題をはらんでいる。

[b] サボタージュは、多くの場合、市民自らの自発性と意思によって実施される活動である。破壊行為は、個人的な利益をもたらすことはないし、日頃からもっている、資材や道具に対する保守・保護的な態度とは完全に異質なものかもしれない。目的をもった愚行は、人間の本性に反する。したがって市民は、圧力、刺激、あるいは支援、そして、サボタージュの実現可能な方法に関する情報と提案を頻繁に必要としているのである。

▼1 個人的な動機

(a) 一般市民は、サボタージュに荷担する直接的な動機をもっていることはたぶんないであろう。代わりに、敵の撤退または連立政権の崩壊に伴うような、間接的な利益を期待するに違いない。活動領域における利益は、できる限り具体的に述べられるべきである。たとえば、サボタージュは、X長官と彼の代理人であるYとZが追放される日を早めるとか、とても不愉快な法令や制限を廃止する日、あるいは、食料が到着する日などを早めることができるであろう、と。個人の自由、報道の自由などについての抽象的な言語化は、大部分の世界においてあまり説得力がない。多くの場所で理解されることもないであろう。

(b) 目に見えないけれども、巨大な敵に反抗しているサボタージュ組織、あるいは自国政府などの一員であると感じられない限り、自分自身の努力が限られているので、市民のサボタージュに対する意欲は削がれてしまうことがある。別の場所で成功を収めた方法を、市民が見聞きできるように、間接的に伝える必要がある。たとえその方法がその市民の環境では利用できないとしても、他人の成功は市民が同じような行動を取る助けとなるであろう。また、直接的にも伝えることができる。これは、サボタージュの効果が称賛に値することを、ホワイトラジオ、（訳注2）解放放送局、転覆報道によって報道する計画を立てることができるであろう。どのぐらいの割合の人がサボタージュに参加しているのかを宣伝することもできる。すでに、成功したサボタージュがホワイトラジオと解放放送局によって報道されたことがある。これは継続すべきであるし、安全な場所ではもっと推進すべきであろう。

(c) (a)と(b)よりも重要なことは、サボタージュの担い手である市民が自分自身の責任を理解し、他人にもサボタージュを教育し始める機会をつくり出すことであろう。

▼2　破壊活動の推奨

適切な場所で、サボタージュに取り組む人に次の点を指摘すべきであろう。サボタージュは、敵に対する自衛行為であり、他の破壊行為に対する敵への報復措置なのである、と。サボタージュを提案する際に、適切なユーモアを交えることは、恐れを和らげることにつながるであろう。

(a) サボタージュにおいて、自分自身の考えを逆転させなければならないかもしれない。

市民にはこのことを多くの言葉で伝えられるべきである。以前、道具は常に鋭く保つ必要があると思っていたのであれば、それをなまくらにしておく必要がある。以前、円滑にしていた表面をざらざらにしておき、通常は勤勉であれば、怠け者で不注意になる、などである。自分自身と日々の生活の目的を逆に考えることができれば、周りには見えないが自分自身のすぐそばに、サボタージュする機会が多くあることに気づくであろう。何事もサボタージュの対象となり得るのだという考えをもつように励ます必要がある。

(b) 物理的破壊を伴うサボタージュに関与する可能性がある者に対して、2つの極端なタイプを区別することができる。一方は、技術的な訓練を受けたり、雇用されたことのない者である。この市民には、何を破壊できるのか、そして破壊すべきなのかという提案と同時に、破壊する道具に関しても具体的な提案が必要となる。

(c) 他方の極端なタイプは、旋盤操作や自動車整備のような技術者である。おそらくこのような者は、自身の施設に対して適切な方法でサボタージュを実行できるであろう。しかし、破壊工作の方向性に対する考えを再教育する必要がある。自分自身の専門分野を必要としないで、破壊工作を達成することができた具体的例を提示する必要がある。

(d)　サボタージュに関する提案や情報を広めるためにさまざまなメディアを利用できる。差し迫ったことを指示する際に利用できるメディアは、解放放送局、偽装ラジオ（暗号化された）放送、特定の地域あるいは職業に向けられたチラシ、または一般を対象としたものである。最後に、工作員は、この情報を直接伝えることを想定し、サボタージュ術について訓練を受けておく必要があるであろう。

▼3　安全な方策

(a)　サボタージュ活動の量は、サボタージュできる機会の数によってだけでなく、市民が感知する危険性によっても決まるであろう。悪事千里を走るといわれるように、あまりにも多くの者が逮捕されるようであれば、サボタージュは思いとどまるべきである。

(b)　発覚したり報復されないように、武器、時間、標的の選択について、チラシを準備したり、その他のメディアを利用することはむずかしいことではないであろう。そのような提案のいくつかについて次に示す。

1．無害に見える資材を利用せよ。ナイフや爪やすりは、通常携帯することができる。

これらは、損害をあたえるための多目的な器具となる。マッチ、小石、髪、塩、くぎ、その他の多くの破壊工作器具は、どんなことがあっても疑惑を生むことなく持ち運んだり、自宅に置いておけるものである。特定の職業に就いていたり、工場で働いているのであれば、レンチ、ハンマー、紙やすり、および同類のものなどを容易に持ち運んだり、保管しておくことができるであろう。

2．関与できたはずの人々が多い活動を行うように努めよ。たとえば、中央火災報知機が設置されている工場で配線を吹き飛ばせば、ほとんどすべての人がそれをできた可能性が生じるのである。別の例をあげれば、たとえば軍用車やトラックに対して、日が暮れてから路上でサボタージュすれば、特定の誰か一人を非難することがむずかしくなるであろう。

3．めったにそんなことをしないし、そして、もっともらしい口実があるのであれば、自分自身が直接非難を受ける行為をすることを恐れるな。空襲のため眠れなかったので、仕事中にボーッとしてしまい、電気回路にレンチを落としてしまった、というようなことである。この際に、常に過ぎるぐらいに謝罪せよ。愚かさ、無学、小心、サボタージュを疑われることへの恐怖、あるいは、栄養不良によって衰弱し鈍くなっていることを装うことで、そのような行為をうまくごまかすことができるであろう。

4．サボタージュを実施した後、その場にとどまり、何が起こるのかを見届ける誘惑には抵抗しなければならない。ぶらつく不審者は疑惑を生む。もちろん、その場を離れることのほうが疑惑を生む状況もあるであろう。自分の仕事に関わるサボタージュを行ったのであれば、その仕事場にとどまるのが自然である。

4章　道具、標的、タイミング

a　市民が担うサボタージュを綿密に管理することはできない。具体的な軍事状況から生じる要求に従い、サボタージュが特定の標的に全力を注ぐことを期待することはできない。さらに、軍事要因の展開に伴って、サボタージュを管理する試みは、多かれ少なかれ、顕著に強化する軍事行動、あるいは緩和する軍事行動の日程や領域を予測するためのパラメータを敵に提供してしまうことになりかねないのである。

b　当然のことながら、サボタージュに対する提案は、それを実施する地域に適合するように調整されるべきである。同様に、通常状況下における標的の優先順位を、地下組織新聞、解放放送局、協力的なプロパガンダを通じて、適宜強調することで特定することができる。

DECLASS

▼1 一般的条件

(a) この誰でもできるサボタージュは、悪質ないたずら以上のものであり、一貫して、敵の資材や労働力に対して弊害をもたらす行為である。

(b) サボタージュには、日々利用する機材を巧妙に用いるべきである。自分の環境を異なる視点から見れば、ありとあらゆる種類の武器が自ら姿を現してくるであろう。たとえば、（強力な武器である）研磨材は一見入手することができないと思うかもしれないが、エメリー（訳注3）製ナイフ研ぎ器や砥石車《といしぐるま》をハンマーで細かく砕けば、十分に得られることに気づくであろう。

(c) サボタージュでは、自分の能力や使用する機材の能力を超えた標的を攻撃してはならない。たとえば、経験の浅い者は、爆発物ではなく、マッチやその他の類似の武器を使用するにとどめるべきである。

(d) サボタージュは、敵が使用している、あるいは早期に使い切る必要のある物や資材だけに損害をあたえるようにすべきである。重工業のほとんどの製品は敵が使用するだろうし、また高性能の燃料や潤滑油も使用すると想定することができる。しかし、特別な知識なしに食用作物や食品の破棄を試みることは推奨されない。

(e) サボタージュを担う市民は軍用品に近づく機会はめったにないかもしれないが、これらは、他のものをも差し置いて優先させるべきである。

▼2　武力攻勢前に

軍事的な意味で休止状態にあるときには、敵の資材や機材の流れを減少させるために、サボタージュは工業生産に集中すべきである、と強調せよ。軍用トラックのタイヤに切り込みを入れることは価値のある行為となるし、生産工場のゴムを台無しにすることもいっそう価値のある行為となる。

▼3　武力攻勢中に

(a) 戦闘活動の舞台となっている、または舞台となることが想定されている領域において、最も意義のあるサボタージュは、直接的で即効性のあるものである。たとえその影響が軽微で、一部に限定されているものであったとしても、この種類のサボタージュは、広範囲に展開されている間接的で遅延型の効果をもつ活動よりも推奨される。

1. サボタージュを担う市民は、あらゆる種類の交通施設を攻撃するように推奨されるべきである。交通施設とは、道路、鉄道、自動車、トラック、オートバイ、自転車、列車、路面電車である。

2. 官庁の指示、または士気を高めるための文章を送信するために使う、あらゆる通信施設もサボタージュの標的とすべきである。このようなものには、電話、電報、電力系統、ラジオ、新聞、プラカードや公告が含まれる。

3. 緊急物資、それ自体に価値のあるもの、交通手段や通信手段が効果的に機能するために必要なものも、市民が担うサボタージュの標的とすべきである。このようなものには、油、ガソリン、タイヤ、食品や水が含まれる。

5章　サボタージュに関する具体的提案

a どのような個人的な行為や結果がサボタージュの定義に含まれるのかを明確にすることなく、サボタージュの妥当性を評価することは不可能である。

b 標的の種類に応じて分類された行動のリストを以下に示す。本リストは、サボタージュの方法に関する完全な要項ではなく、発展していくべきものとして提示する。新しい技術が発明されたり、新しい分野が開拓されるに伴って、これらは工夫され、発展していくであろう。

▼1 建造物

倉庫、兵舎、オフィス、ホテル、工場の建物は、サボタージュの格好の標的である。これらは、特に火災からの損傷に対して極端に影響を受けやすい。用務員、清掃作業員、不意の来客といった訓練を受けていない人々にも機会が提供される。損傷があたえられると、敵に対して比較的大きな障害となる。

(a) 火災は、可燃物が集まっているところであればどこからでも起こすことができる。倉庫は明らかに最も見込みのある標的であるが、放火サボタージュはそこだけに限る必要はない。

1. 可能なところでは、自分自身が去った後に火災が発生するように手はずを整えよ。燃やしたい可燃物にできるだけ近づけて、ろうそくや紙、またはその両方を使用する。紙を3、4センチ幅に細長く切り、ろうそくの根元に2回から3回ほど巻き付けることができるだろう。たわんだロープに紙を巻き付け、それをろうそくの根元におくこともできる。ろうそくの火が巻き付けられた紐に達すれば発火し、巻き付けられた紙も燃え始めるであろう。生じる炎の規模、火力、時間は、使用した紙の量と、小さな場所にどれほど詰め込んだかに依存する。

2. この種の炎で、綿布袋のような燃えやすい素材以外に火をつけようとすべきではない。燃えにくいものに火をつけるときには、ガソリンを含ませた紙をしっかりと巻き付けたろうそくを用いること。短い間に高温の炎をつくり出すときには、古いクシから得られるセルロイドを普通紙または油紙を巻き、ろうそくで火をつけよ。

3. 別の簡単な起爆装置は、紐の一端をグリースにつけてつくることができる。グリースを塗った紐ときれいな紐が結合する1インチの部分に、ひとつまみの火薬をやさしくこすりつける。それから、きれいな紐の端に火をつけるのである。タバコが燃えるのと同じように、炎を出すことなくゆっくりと燃えていき、それがグリースと火薬の箇所に到達すると、急に燃え上がる。そして、グリースを塗られたところが炎を放ちながら燃え上がる。同じような現象は、グリースと火薬の代わりにマッチを使用することでも得られる。紐が押しつぶされたり、結び目ができないように注意しながら、マッチの頭に線をはわす。これもまた、一気に炎を生じさせる。この種の起爆装置の利点は、紐が定められた速度で燃えることである。紐の長さや太さを調整することによって、発火の時間を決めることができる。

4. 定時の後オフィスに火災を生じさせるために、ここまで述べたような起爆装置を利用せよ。記録物やその他の書類の破壊は、敵に深刻な障害をあたえることになるであろう。

5. ゴミが集められる地下室において、用務員は、油を多く含んだり、脂で汚れたゴミを積み重ねよ。そのようなゴミは時に自然発火するが、タバコやマッチで簡単に火をつけることができる。夜勤勤務の場合には、火災の最初の通報者となることができるだろうが、報告はあまり早すぎないようにせよ。

6. きれいな工場は火災を起こしにくいが、汚れた所では容易である。作業員はゴミの処理をだらしなくし、用務員は掃除を非効率的に行うべきである。汚れとゴミが十分に集積されたのであれば、防火性の高い建物も燃えやすくなるであろう。

7. 夜間無人となる部屋で照明用のガスを使用しているところでは、窓をしっかり閉め、ガスをつけ、部屋にろうそくを燃やし、ドアを閉めておく。しばらく経てば、ガスは爆発するであろう。その後、火災が生じることもある。

(b) 水やその他の物

1. 自動スプリンクラーを発動させることによって、倉庫の貯蔵品を台無しにせよ。ハンマーでスプリンクラーの頭を鋭くたたくか、マッチで熱して発動させることができる。

2. トイレにトイレットペーパーを補充するのを忘れよ。便器内に丸めた紙、髪の毛、あるいはその他の障害物を詰めよ。濃い糊や砂糖水でスポンジを浸す。そして、固くボール状に丸め、紐で縛り、乾かす。完全に乾いたら、紐を取る。スポンジは、固いボールとなっているはずである。それをトイレに入れて流すか、さもなければ、下水管に入れる。スポンジは徐々に元の大きさに広がっていき、下水管を塞いでしまうであろう。

3. 日中に公共建物の電球の取り付け口にコインを挿入しておく。そうすれば、夜中電気をつけると、ヒューズが飛んでしまうであろう。ヒューズ自体も、そのうしろにコインをしのばせておくか、ワイヤーをつけておくことで、役に立たないようにすることができる。電線のショートは、火災を発生させ、変圧器に損害をあたえ、あるいは広範囲に電気を供給するメインヒューズを吹き飛ばす可能性がある。

4. 紙くず、木片、ヘアピン、入るものであればなんでも、公共建物の無防備な入り口のすべての鍵穴に詰め込むことができる。

▼2　工業生産（製造）

(a)　工具

1. 刃物をなまくらにしておけ。刃物が役に立たなければ、生産速度も落ちるであろうし、それらを使うことで資材や部品を破損できるかもしれない。

2. のこぎりを使わないときに、若干ねじって置いておく。しばらくすれば、使うと壊れてしまうようになるであろう。

3. 非常に速く動かすことによって、ヤスリの寿命を短くすることができるであろう。強い圧力をかけながら、ゆっくりとヤスリをかけることによっても同じ効果がある。順方向だけでなく、逆方向にも圧力をかけよ。

4. 万力や加工中の製品に逆らってヤスリを強打すると、ヤスリをダメにすることができる。ヤスリはこの方法で容易に壊すことができる。

5. ビットやドリルは、強い圧力をかけるとポキッと折れる。

6. プレスパンチは、決められた以上の材料を挿入することで故障させることができる。たとえば、一つのブランク（金属素材片）のところを2つ。

7．空圧ドリルやリベットなどのような動力駆動の工具は、汚れていると効率的に稼働しない。潤滑箇所や電気接点は、通常の汚れ蓄積や異物の混入によって容易にふさぐことができる。

(b)オイルや潤滑システムは、サボタージュに対して脆弱というだけでなく、あらゆる機械の稼働部品に取って重要なものである。オイルや潤滑油に対するサボタージュは、生産性を下げ、生産加工の重要なところで稼働を止めてしまうことにつながるであろう。

1．金属の粉じん、あるいはやすり粉、細砂、ガラスの粉、研磨砥石の粉（エミリー研磨砥石を砕くことによって得ることができる）、同様に固く、ざらざらする物質を、潤滑システムの中に直接入れよ。そうすれば、平坦な表面をゴシゴシと傷つけるので、ピストン、シリンダー壁、シャフト、ベアリングを台無しにするであろう。モーターをオーバーヒートさせ止めてしまい、そしてオーバーホール、部品交換、大がかりな修理が必要になるであろう。そのような物質を使用するときには、フィルタを避けて潤滑システムに混入させなければならない。さもなければ、物質はフィルタでろ過されてしまうからである。

2．フィルタシステムを取り除くことによって、あらゆる機械を摩耗させることができる。フィルタのメッシュを鉛筆などの先のとがった物で穴を開け、再びカバーしておく。すばやく処理したいのであれば、単にフィルタを取り去ってしまえ。

3．潤滑システムやフィルタを直接狙うことができないのであれば、システム内のオイルを薄めることによって、オイルの効果を弱めることができるかもしれない。この場合には、どのような液体でもオイルを薄めることができる。少量の硫酸、ニス、水ガラス、あるいは亜麻仁油は特に効果を発するであろう。

4．重油が指定されているところで薄い油を用いれば、機械を故障させたり、熱をもたせたりすることができるだろう。そうすれば、機械の動きを悪くしたり、稼働を止めることにつながるであろう。

5．潤滑システムの中に目詰まりするようなものを入れよ。それが浮くような物であれば、貯蔵されているオイルの中に入れよ。髪の毛、糸、虫の死骸、その他のごく普通のものは、供給ラインやフィルタを通じて流れるオイルを止めたり、妨げるであろう。

6．ある状況下では、循環システムの栓を取り去ったり、オイルが蓄えられているドラム缶や缶に穴を開けることによって、単に潤滑効果を弱めるだけではなく、完全にオイルそのものを破棄してしまうことができるかもしれない。

(c) 冷却システム

1. 水冷システムは、米や麦のような固い穀類を数つまみ入れることによって、比較的短い間に使用不能にすることができる。これは、エンジンやモーターに少なからぬ損害をあたえるであろう。穀物は膨れ、水の循環を止める。障害物を取り除くために水冷システムを解体しなければならないであろう。おがくずや髪の毛も水冷システムを詰まらせることに利用できる。

2. オーバーヒートしているモーターの水冷システムの中に冷水を入れると、エンジンハウジングを壊すか、少なからぬ疲労をあたえることになる。これを何度かくり返せば、亀裂や深刻な損傷につながる。

3. 空気取入口または排気弁に土やゴミを詰めることによって、空冷システムの効果を台無しにすることができる。システムにベルト駆動式ファンが使用されているのであれば、ベルトの中程までジグザグの切れ目を入れよ。そうすれば、滑ってしまうだろうし、最終的には負荷のために切れてしまい、モーターがオーバーヒートすることになるであろう。

(d) ガソリンと石油燃料

タンクや燃料エンジンは通常身近なところにあり、開けることが容易である。サボタージュ活動の格好の標的となる。

1. ガソリンエンジンの燃料タンクにおがくず、あるいは米や麦のような固い穀類を数つまみ入れよ。粒子は供給ラインを詰まらせるので、エンジンはいずれ止まるであろう。故障の原因を見つけるのにいくらかの時を要するであろう。入手しにくいものであるが、天然ゴムのくずも効果がある。これは古いゴム手袋や消しゴムから入手できる。

2. 砂糖を入手できるのであれば、ガソリンエンジンの燃料タンクに入れよ。砂糖はガソリンとともに燃えるので、エンジンを完全に動かないようにしてしまう、粘着性の高い固まりとなるだろう。大がかりな洗浄と修理が必要となる。ハチミツと糖蜜も砂糖と同じぐらい効果的である。10ガロン(訳注4)のガソリンに対して75〜100グラム程度を入れてみよ。

3. ガソリンの中に混入させることができる他の不純物は、急速にエンジンを摩耗させ、最終的に故障させるであろう。軽石を細かく砕いた粒子、砂、ガラスの粉、金属の粉塵は、ガソリンタンクに容易に混入させることができる。粒子がキャブレターを通過できるように、十分に細かくすること。

4. 水、尿、ワイン、あるいは他の液体も十分な量を混入させることで、シリンダー内で燃焼しなくなるまで、ガソリン燃料を薄めることができる。そうすれば、エンジンは動かないであろう。20ガロン（訳注5）のガソリンに対して1パイント（訳注6）で十分であろう。塩水を利用できるのであれば、それは腐食を引き起こし、モーターに永久的なダメージをあたえることができる。

5. ディーゼルエンジンには、燃料タンクに低引火点オイルを入れよ。適切なオイルが入っているタンクに、異なった種類のものを加えることによって、エンジンはもたつくようになり、プッスンプッスンと音をたてるようになる。

6. ガソリンエンジンと石油エンジンへの燃料ラインは、エキゾーストパイプの上を通ることが多い。エンジンが止まっているときに、燃料パイプに小さな穴を開け、ワックスで穴を止めておく。エンジンがスタートし、エキゾーストパイプが熱くなると、ワックスが溶け、燃料がエキゾーストパイプの上にたれるであろう。しばらくすれば出火する。

7. ガソリンが保管してある部屋に入ることができるのであれば、閉め切った部屋の中でガスが充満するので、ろうそくを燃やしておけば、程なく爆発する。しかし、ガソリン缶から室内に大量に蒸発する必要がある。缶のふたを取ることだけでは、空中に十分な蒸発を得るために必要なガソリンを空気に晒すことができないのであれば、ナイフ、アイスピック、または鋭い爪やすりで、薄い缶を容易に開くことができる。あるいは、フロアにガソリンが漏れ出すようにタンクに小さな穴を開けることもできる。このようなことで、蒸発のスピードを大幅に上げることができる。ろうそくに火をつける前に、窓をしめて、部屋の気密性をできる限り高めること。隣の部屋に続く窓が広く開いているときには、ガソリンだけでなく、近くにあるものまで破壊してしまう大きな火災を引き起こすチャンスもある。ガソリンが爆発すると、保管室のドアは吹き飛び、大火災を引き起こす可能性のある爆風が、隣接する窓に流れ込むであろう。

(e) 電気モーター

電気モーター（発電機を含む）は今まで説明してきた標的よりも制限される。簡単には破壊をすることができないし、破壊するよい機会に恵まれても技術のない者では怪我をする危険も伴う。

1. すべての電気モーターにおいて可変抵抗器の抵抗を最大にせよ。そうすれば、オーバーヒートして、炎上するであろう。

2. 過電流継電器をモーターの能力を超えた値に設定せよ。そうすれば、オーバーヒートして、故障するところまでモーターに負荷がかかる。

3. ほこり、よごれ、湿気などは、電気機器の敵であることを忘れるな。電気モーターの電線がつながれている端子や絶縁部にほこりやゴミをこぼせ。電気の流れの効率が落ちれば、ショート（漏電）につながるであろう。

4. 電気を無駄にし、電気モーターの力を弱めるために、「誤って」ワイヤーの絶縁部に傷をつけよ、結合部のナットを緩めよ、ワイヤー接続を欠陥のあるものにせよ。

5. 整流子に損傷をあたえると、直流モーターの出力を減らし、漏電を起こすことができる。整流子支持リングを緩めるか、取り除け。整流子の上に、カーボン、グラファイト、あるいは金属の粉塵をふりかけよ。整流子の接点にグリースかオイルを少量塗布せよ。整流子のバーが接近するところを金属の粉塵でギャップを埋めるか、彫刻刀でその端をぎざぎざにせよ。そうすれば、隣接しているバーの歯が接触、またはかなり接近するので、電流が一方から他方に流れるようになる。

6. 回転するブラシが磨滅する場所に、切手の半分ぐらいのきめの細かいエメリー紙をおけ。エメリー紙とモーターは、生じる出火によって破壊されるであろう。

7. スリップリングにカーボン、グラファイト、あるいは金属の粉塵をふりかけよ。そうすれば、電流が漏れ、漏電を引き起こす。モーターが稼働していないときに、彫刻刀でスリップリングに切り目を入れよ。

8. 電機子が適切に接触しないように、電機子の表面にグリスを混ぜた粉塵を塗ることによって、モーターを停止させたり、効率を落とすことができる。

9. 電気モーターをオーバーヒートさせるために、高耐久性グリースに砂を混ぜ、固定子とローターの間に塗りつけるか、その間に薄い金属片を割り込ませよ。電流の効果的な生成を妨げるためには、その間にフロアのゴミ、オイル、タール、あるいはペンキを入れよ。

10. 三相交流モーターには、モーターが稼働していないときに、ナイフやヤスリで導入線の一つに深く切れ目を入れるか、3つのヒューズの一つを切れたヒューズに交換せよ。前者の場合には、モーターはしばらくした後に止まるであろう。後者の場合には、モーターはスタートしないであろう。

(f) 変圧器

1. 油入変圧器は、オイルタンクの中に水や塩を混入すれば、故障させることができる。

2. 空冷式変圧器は、変圧器の周りをがれきで覆い、換気を妨げよ。

3. すべての種類の変圧器において、外部のブッシングとその他のむき出しになっている電気部品に、カーボン、グラファイト、あるいは、金属の粉塵をふりかけよ。

(g) ほとんどのモーターにおいて、タービンは頑丈で、しっかりと格納されているので、触るのがむずかしい。サボタージュに対する耐性は非常に高い。

1．水力タービンを点検したり、修理した後で、カバーをしっかり閉めなければ、後に吹き飛び、施設を水浸しにするであろう。蒸気タービンのカバーを緩めておけば、漏れや、速度の減衰を招くことになる。

2．水力タービンには、導水路の頭部に鉄くずの大きな固まりを入れよ。そうすれば、水が損害をあたえる物質をプラント施設まで運んでくれるであろう。

3．タービンの蒸気配管が修理のために開いているときに、鉄くずの固まりを入れよ。そうすれば、蒸気が発生すると、タービンの機械装置に飛び込んでいくであろう。

4．タービンにオイルを供給している配管に漏れを生じさせよ。そうすれば、オイルは熱い蒸気パイプの上に落ち、出火するであろう。

(h)

ボイラー

1．自分にできる方法で、蒸気ボイラーの効率を下げよ。始動を遅らせるために水を入れすぎよ。また、効率を悪くするために火の温度を低く保て。水を入れずに、火をたけ。そうすれば、亀裂が入り、台無しになるだろう。たいへんうまいやり方は、ボイラーに石灰岩または石灰水を入れ続けることである。そうすれば、石灰が底や壁面に沈着するだろう。この沈着物は、熱に対して効果的な断熱材となり、沈着物が十分にたまれば、ボイラーは完全に使い物にならなくなるであろう。

▼3 生産（金属）

(a) 鉄と鉄鋼

1. 溶鉱炉を修理のために頻繁に火を落とさなければならないような状態に保て。溶鉱炉の内部面を覆う耐火性煉瓦をつくるときに、余分にタールを混入させよ。そうすれば、早く消耗し、絶えず改修が必要となる。

2. 鋳造のための中子（訳注7）をつくれ。そうすれば、空気の泡で満たされ、不完全な鋳造につながる。

3. 鋳型内の中子はしっかりと支えるな。そうすれば、中子が倒れたり、中子が間違った位置に置かれるため、鋳型が台無しになるであろう。

4. 鉄鋼や鉄を鍛えるときに、熱すぎるようにせよ。そうすれば、生成されるバーとインゴットの品質が悪いものとなる。

(b) その他の金属

現在、利用できる提案はない。

▼4　生産（鉱業と採鉱）

(a)　石炭

1．デイビーランプ（訳注8）に軽く息を吹きかけ火を消せ。そうすれば、再び火をともすために、坑内爆発性ガスがない場所を探さなければならない。その場所を探すのに十分時間をかけよ。

2．空気圧石炭ピックをつくる鍛冶工は、それらを適切な固さにすべきではない。そうすれば、早く鈍くなるであろう。

3．空気圧石炭ピックをすばやく使用できなくすることができる。オイルレバーを通じて少量の水を注ぎ込むと、そのピックは動かなくなるであろう。石炭の粉塵と不適切な注油でも故障させることができる。

4．石炭を運ぶバケットコンベアーを動かすチェーンを緩めよ。ピックまたはシャベルで強打してチェーンに深いへこみをつくれば、通常運用すると切断につながるであろう。一度チェーンが切断されれば、通常損傷を報告することなどに時間がかかるであろう。チェーン修理の着手や、修理後の再稼働もゆっくりと行うこと。

5. レールや分岐器に障害物を置き、鉱車を脱線させよ。可能であれば、鉱車がお互いにすれ違う通路を選べ。そうすれば、交通も混乱するであろう。

6. 石炭とともに、石やその他の利用価値のない物質をたくさん運び出せ。

▼5 生産（農業）

(a) 機械

1. 5章の▼2 (c)、(d)、(e)を参照のこと。

(b)

1. 余剰食糧の多い地域、あるいは、敵（政権）が食料を徴用することで知られている領域でのみ、農作物や家畜を破棄すべきである。

1. 家畜に農作物をあたえよ。収穫を早すぎる時期か、遅すぎる時期に行え。貯蔵された穀物、果物、野菜を水に浸すことによって、腐らせよ。果物や野菜を直射日光の下に放置することによって、台無しにせよ。

▼6 交通（鉄道）

(a) 乗客

1. 敵職員に対して鉄道旅行をできる限り不便なものとせよ。発行する切符を間違えたり、乗車券つづりが適用されない旅行区間をそのままにしておいたり、同一列車の同じ席に2つの切符を発行したりせよ。そうすれば、おもしろい口論が起こるであろう。発車の間際に、印刷された切符の代わりにゆっくりと手書きの切符を発行せよ。列車が出発する間際まで手続きを引き延ばせ。出発時刻や到着時刻を表示する駅の掲示板に、敵の目的地に向かう列車の情報を間違えたり、惑わせるようにせよ。

2. 敵の目的地に向かう列車において、乗務員は乗客ができる限りいごこちの悪くなるようにせよ。食事をすごくまずくすること、真夜中過ぎに切符を受け取りに行くこと、夜中にすべての停止駅を大きな音量で放送すること、夜中にできるだけ音を立てながら荷物を動かすこと、などである。

3. 敵職員の手荷物を間違った駅に置き忘れたり、下ろしたりするように取りはからえ。敵荷物のあて名ラベルを変えてしまえ。

4. 機関士は、列車を遅く走らせるか、もっともらしい理由をつけて予定にないところで停止するようにせよ。

(b) スイッチ、信号、経路

1. 信号やスイッチのある交換台の配線を入れ替えよ。そうすれば、間違った駅につながるようになる。

2. 押し棒をゆるめよ。そうすれば、腕木式信号機は機能しなくなるだろう。色レンズの赤と緑を入れ替えよ。

3. 路線の分岐器を広げたり、くぎで留めよ。そうすれば、動かなくなるだろう。あるいは、分岐器の間に石や固く詰めた土を置け。

4. 分岐器の電気接点の上や近くの地面の上に、岩塩または普通の塩をふりまけ。雨が降れば、スイッチは漏電するであろう。

5. 間違った列車に車両が繋がれるように取りはからえ。修理が必要な車両からラベルを取り、調子のよい車両に取り付けよ。車両の間の連結器を可能な限りゆるめよ。

(c) 路盤と路線

1. 路線がカーブに差し掛かったところで、外側のレールと接続されているタイプレートからボルトを取り除け。接合点の両側から砂利、燃え殻、土を数フィートほどシャベルで取り除け。

2．接合部でタイプレートを切り離し、接合部の両側の枕木用くぎを緩めておくことができれば、線路のその部分を動かしたり、2つに分けたり、その間に垂直にくぎを打ち付けることができるようになる。

(d)　オイルと注油

1．5章の▼2(b)を参照のこと。

2．ペンチで注油パイプを締め付けるか、ハンマーでへこませよ。そうすれば、オイルの流れは阻害されるであろう。

(e)　冷却システム

1．5章の▼2(c)を参照のこと。

(f)　ガソリンと石油燃料

1．5章の▼2(d)を参照のこと。

(g)　電気モーター

1．5章の▼2(e)、(f)を参照のこと。

(h)　ボイラー

1．5章の▼2（h）を参照のこと。

2．点検の後で、エンジンのボイラー内に重油やタールを入れるか、炭水車（訳注9）の水に0・5キログラムの液体石けんを入れよ。

(i) ブレーキ、その他

1．エンジンは高回転数で走らせ、曲がり道や坂道ではブレーキを過分に使用せよ。

2．エアブレーキバルブや水供給パイプに穴を開けよ。

3．客車の最後の車両、または貨車の最初の車両で、軸箱から詰め物を取り除き、オイルにまみれたぼろ切れをつめよ。

▼7 交通（自動車）

(a) 道路。道路にダメージをあたえること（3．以下）はゆっくりしたものであるため、作戦実行日やその開始に近づいた活動としては実用的ではない。

1．交差点や分岐点において標識を変えよ。そうすれば、敵は間違った方向に行くであろう。敵がその間違いに気づいたときには、何マイルも進んでいることだってある。敵の車、トラック、さまざまな車両集団がおもに通行する場所では、曲がり道や交差点において危険の標識を取り除け。

2. 敵が道を尋ねてきたときには、間違った情報を提供せよ。敵車両集団が近くにいるときには、トラックの運転手は噂をひろめることができる。通行できない橋、運行停止されたフェリー、迂回路などについて間違った情報を流せ。

3. 交通量の多い道路を破壊しようとするのであれば、通過する車両や雨、寒さ、日光など自然の厳しい力が助けてくれるだろう。建設工事の作業員は、コンクリートに多すぎる砂や水を混ぜたり、道の基礎に柔らかい箇所をつくるように取りはからえ。暖かい天候下で柔らかくなったアスファルトの道や砕石の道にわだちを掘ることができる。通過するトラックは、大がかりな修理が必要となるところまで、そのわだちを広げてしまうだろう。未舗装の道路も掘ることができる。道路作業員であれば、水門から小さな水の流れを引き込むのに数分もかからないであろう。そうすれば、水は道の上を流れ、浸食していく。

4. タイヤがパンクするように壊れたガラス、くぎ、鋭い石をまいておけ。

(b) 乗客

1. バス運転手は、敵が降りるバス停を行きすぎてしまうことができるだろう。タクシーの運転手は、敵の目的地までできる限り長い迂回路を選択することによって、敵の時間やお金を消費させることができる。

(c) オイルと注油

1．5章の▼2 (b) を参照のこと。

2．オイルポンプを外せ。そうすれば、普通に運転しても50マイル(訳注10)も行かないうちに、ベアリングがすり切れるであろう。

(d) ラジエーター

1．5章の▼2 (c) を参照のこと。

(e) 燃料

1．5章の▼2 (d) を参照のこと。

(f) バッテリーと点火装置

1．車の鍵穴に木片を詰まらせよ。配電盤のうしろの接続を緩めたり、入れ替えたりせよ。スパークプラグに泥を塗れ。ポイントを壊せ。

2．停車している車のライトを点灯せよ。そうすれば、バッテリーが上がってしまうだろう。

3．整備士は、さまざまな方法で気づかれないようにバッテリーを台無しにすることができる。セルのバルブふたを外し、水を入れる口に斜めにスクリュードライバーを差し込め。そうすれば、セルのプレートが粉々に砕けるであろう。後でふたを戻しておけば、破損していることは見えない。鉄や銅などのくずをセルの中に入れる（酸の中に落とす）と、バッテリーの寿命が短くなるであろう。銅製のコインや鉄の小片は同じ効果があるものの、より時間がかかる。それぞれのセルに100～150ccの酢を入れれば、バッテリーの寿命を短くすることができる。しかし、酢の匂いがあるので、何が起こっているのか気づかれてしまう恐れもある。

(g)　ギア

1. 潤滑油を取り除くか、トランスミッションやその他のギアには軽すぎる潤滑油を入れよ。

2. 重いギアをもつトラック、トラクター、その他の機械において、ボルト穴に半分ほどしかないボルトを使用することによって、ギアケースを不安定な状態にせよ。ギアは使用中に大きな衝撃を受けるので、すぐに修理が必要となるだろう。

(h)　タイヤ

1. 無防備な車両のタイヤに切り込みを入れたり、パンクさせよ。マッチ箱や他の小さな箱の中にくぎを入れよ、それを止まっている車両の後部タイヤの前に垂直に立てておく。車がスタートすれば、タイヤにくぎがうまく刺さるであろう。

2. タイヤ修理店でタイヤにダメージをあたえるのは簡単なことである。パンクを修理するときに、タイヤチューブに穴を開けたり、徐々に蝕ませるガラス、ベンジン、苛性ソーダ、他の物質をふりかけよ。チューブの内側に粘着性の物質を入れるのであれば、次パンクするときには、ケースとチューブがくっついてしまい使用できなくなる。あるいは、パンクを修理するときに、最初にタイヤをパンクさせた物体を、チューブとケースの間に残しておくこともできる。

3. 修理の後でタイヤを組み立てる際に、できるだけすばやくタイヤを膨らませよ。スムースに膨らませないと、しわができることがある。その場合には、早くすり切れてしまうであろう。または、タイヤをつけるときに、タイヤの縁と車輪の縁の間にチューブを挟んでしまうこともできる。そうすれば、破裂することにつながるであろう。

4. タイヤに空気を入れる際に、通常の空気圧以下にするように取りはからえ。そうすれば、寿命を短くすることができる。ダブルタイヤに空気を入れる際に、外側のタイヤよりもかなり高い空気圧で内側のタイヤを膨らませろ。このようにすれば、両方のタイヤともよりすばやく摩耗するであろう。バランスのとれていない車輪もタイヤを早く消耗させる。調整のために送られてきても、車輪のバランスを乱しておくことができるであろう。あるいは、強打することや、車をゆっくり走らせながら、曲がり角の路肩に乗り上げることよっても狂わせることができる。

5. タイヤの倉庫に出入りができるのであれば、オイル、ガソリン、腐食剤、ベンジンなどをかけてタイヤを台無しにすることができる。しかし、化学合成ゴムはこのような化学物質に対して影響を受けにくい。

▼8 交通（水上交通）

(a) 航行

1. 荷船や川船で働く職員は、水路の航行可能性や状態について、間違った噂を流すべきである。余分な時間がかかる水路を選択するか、運河で回り道するように、他の荷船や川船の船長に伝えよ。

2. 荷船や川船の船長は、岩や橋の近くにおいて、過分な注意を払いながら航行し、敵の時間や、それを待っている他の船舶の時間を無駄にせよ。船底にたまる汚水を排出していないと、船舶は遅くなり、操舵するのがむずかしくなる。荷船は、「誤って」浅瀬に乗り上げることによって、効果的に時間を無駄にすることができる。

3．旋回橋、吊上げ橋、跳開橋の下をゆっくり航行することによって、路上あるいは水上の交通を遅らせることができる。船長は、路上の交通を留めておくために、無人の吊上げ橋をあげたままにしておくことができる。

4．貨物船のコンパスに補償磁石を追加するか、取り除け。コンパスを消磁するか、鋼鉄や鉄の大きなバーをコンパスの近くに隠すことによってコンパスを狂わせよ。

(b) 貨物

1．貨物を荷積み込んだり、下ろす間、損害をあたえるため不注意に貨物船を操舵せよ。弱く、軽い木箱や箱が船倉でいちばん下になるように置き、重いものをその上に置け。ハッチのカバーや防水布をだらしなくしておけ。そうすれば、雨や甲板を洗うときに貨物に損害をあたえるだろう。フロート弁を開いたまま縛れ。そうすれば、水が痛みやすいものの上にあふれるであろう。

▼9 コミュニケーション

(a) 電話

1．オフィス、ホテル、交換台では、敵の通話をつなぐのを遅らせよ。また、間違った番号を伝えよ。「誤って」通話を切れ。あるいは、ラインが使えないように切るのを忘れよ。

2. 少なくとも一日に一回電話を敵本部にかけることによって、職員、特に軍事業務を妨害せよ。相手が出たら、番号を間違えたと伝えよ。軍部あるいは警察に電話をして、出火、空襲、爆弾など、匿名で虚偽の通報をせよ。

3. 敵が使用しているオフィスやビルで、電話の受話器を外し、スピーカーを取り除け。電気技師や電話修理工は不安定に接続したり、絶縁体を傷つけよ。そうすれば、混線やその他の電気的な干渉が、会話を困難にし、理解することができなくなるであろう。

4. くぎ、金属のくず、コインなどをバッテリーのセルに落とすことによって、自動交換機のバッテリーを使用不能にせよ。バッテリーの半分をこの方法で処理すれば、交換機は動かなくなるであろう。中央バッテリー室にある半分のバッテリーの10パーセントのセルを使えなくすれば、全電話システムに障害をきたすことになるであろう。

(b) 電信

1. 敵地に送る電信の送信と配送を遅らせよ。

2. 敵に送る電信を誤って伝えよ。そうすれば、別の電信を送る必要が生じるか、長距離電話をかけなおす必要がでるだろう。時に、言葉の一文字を変えるだけで十分である。たとえば、「最小（minimum）」を「miximum」(訳注11)とすれば、電信を受け取った者は、どちらを意味しているのかわからなくなるであろう。

(c) 送信線

1. 電話や電信の送信線を切断せよ。干渉を起こすように電力線の絶縁体に傷をつけろ。

(d) 手紙

1. 郵便局で勤務している者は、敵の手紙を間違った袋に入れるなどして、一日以上常に遅れるように手配せよ。

(e) 映画（活動写真）

1. 投影機を操作するものは、焦点をずらしたり、フィルムの速度を変えたり、フィルムを頻繁に破損させることによって、ニュース映画や敵のプロパガンダ映画を駄目にすることができる。

2. 観客は、大きな音で咳をしたり、無駄話をして、映画の音声を消してしまい、敵プロパガンダ映画の上映を台無しにすることができる。

3. 紙袋に入れた2～3ダースの蛾を放つことによって、誰でも敵プロパガンダ映画の上映を中断させることができる。紙袋を映画館に持って行き、人がいない床に置き、開けたまま放置する。蛾は飛びだし、投影機の光束に集まっていくだろう。映画は蛾がばたつく影によって邪魔されることになる。

(f)　ラジオ

1. 放送技術者は、敵プロパガンダや命令を伝える担当者の放送を過変調して送信することが容易であろう。そうすれば、小石を口に入れて、厚い綿毛布を通じて話しているような音になる。

2. 敵がアパート住民全員に向けてラジオ放送する場合、ラジオの受信に干渉することができるときがある。電灯のコードの端にあるプラグを取り外せ。コード内の電線を取り出し、二極プラグの2つ、あるいは四極プラグの3つを結べ。そしてそれを持ち出し、見つけることができる壁や床のコンセントに差し込め。電気回路にそれを差し込むたびにヒューズが飛ぶので、新しいヒューズを交換するまで、その電気で稼働しているすべてのラジオを静かにすることができる。

3. 電気機器の絶縁体に損傷をあたえると、すぐ隣のラジオに干渉する傾向がある。とくに、大きな発電機、ネオンサイン、蛍光灯、レントゲン、電力線などである。作業員が敵飛行場近くの高圧線の絶縁体に損傷をあたえることができれば、地上と飛行機間の無線通信を困難にし、その日長い間、通信不能にすることができるかもしれない。

▼10 電力

(a) タービン、電気モーター、変圧器

1．5章の▼2 (e)、(f)、(g) を参照のこと。

(b) 伝送線路

1．保線工手は、電力漏えいを生じさせるために絶縁体をゆるめ、汚くしておくことができる。並列している2つの伝送線をあちこちに数回頑丈な紐で縛ることは実に簡単なことであろう。縛るたびに、紐をワイヤーのまわりに数回巻き付ける。事前に、紐に塩をたっぷりしみ込ませておき、乾かしておく。雨になれば、紐はコンデンサとなり、漏電を生じさせるであろう。

▼11　組織や生産に対する一般的な妨害

(a)　組織と会議

1. 何事をするにも「決められた手順」を踏んでしなければならないと主張せよ。迅速な決断をするための簡略した手続きを認めるな。
2. 「演説」せよ。できるだけ頻繁に、延々と話せ。長い逸話や個人的な経験を持ち出して、自分の「論点」を説明せよ。適宜「愛国心」に満ちた話を入れることをためらうな。
3. 可能なところでは、「さらなる調査と検討」のためにすべての事柄を委員会に委ねろ。委員会はできるだけ大人数とせよ（けっして5人以下にしてはならない）。
4. できるだけ頻繁に無関係な問題を持ち出せ。
5. 通信、議事録、決議の細かい言い回しをめぐって議論せよ。
6. 以前の会議で決議されたことを再び持ち出し、その妥当性をめぐる議論を再開せよ。
7. 「用心深く」するように主張せよ。「合理的」になれ。他の会議出席者にも「合理的」になるように要請せよ。後に恥をかいたり、問題となるような軽率さを避けなければならない、と。

8. あらゆる決断に対する妥当性について懸念を示せ。計画された行動はそのグループの権限内にあるのか、それが上層部の方針と矛盾していないのか懸念を投げかけろ。

(b) 管理職、スーパーバイザー（顧問）

1. 文面による指示を要求せよ。
2. 指示を「誤解」せよ。その指示をめぐって、切りのない質問を投げかけよ、あるいは長ったらしい返信を送れ。できるときには、その指示に難癖をつけよ。
3. 指示されたものの遂行を遅らせるためにありとあらゆることをせよ。発注されたものが部分的にはでき上がっていようとも、すべてが終わるまで納品するな。
4. 作業に利用しているものの在庫が底をつくまで、補充するな。そうすれば、補充されるまで少しの間が生じるので、作業が中断することになるであろう。
5. 入手困難な高品質のものを発注せよ。入手できないのであれば、そのことについて議論をふっかけろ。品質の悪いものでは質の悪い仕事しかできないと警告せよ。
6. 作業手順を決めるときに、常に重要ではない仕事から取りかかるように指示せよ。重要な仕事は、品質の悪い機械を使っている非効率的な作業者に割り当てるように取りはからえ。

7. あまり重要ではない生産品に完璧さを求めよ。ごく些細な不備についても修正するために送り返せ。普通見ただけでは見つけられないような不備をもつ不良品は合格とせよ。
8. 部品や素材が施設内の異なった場所に送られるように、経路指定を間違えよ。
9. 新しい作業者を訓練するときには、不完全な、または誤解を招くような指示をせよ。
10. 士気を下げるために、非効率的な作業員に心地よくし、不相応な昇進をさせよ。効率的な作業員を冷遇し、その仕事に対して不条理な文句をつけろ。
11. 重要な仕事をするときには会議を開け。
12. もっともらしい方法で、ペーパーワークを増大させよ。ファイルを複製することから着手せよ。
13. 指示、小切手などの発行に必要な手続きと認可を増やせ。一人でも十分なことに、3人が認可をしなければならないように取りはからえ。
14. すべての規則を隅々まで適用せよ。

(c) 事務員

1. 指示を写し取るときに、材料の量を間違えよ。同じような名前を混同せよ。住所を間違えよ。

2．政府の事務局との連絡を長引かせよ。
3．必要不可欠な書類を間違ったところに綴じてしまえ。
4．カーボン紙による写しを取るときには、写しが少なくなるようにせよ。そうすれば、余分の複写作業が生じる。
5．上司は今忙しい、あるいは別の電話に出ていると、重要な相手に伝えよ。
6．手紙を次の集配の時まで遅らせよ。
7．内部情報のような噂話を流せ。

(d) 従業員

1．のろのろと働け。自分の仕事で、必要となる動きを増やす方法を考えよ。たとえば、ハンマーを使うときには、重いものではなく軽いものを使え。大きなレンチが必要なときに、小さなレンチを使うようにせよ。それなりの力が必要なところで、わずかな力だけをかけよ。
2．できる限り自分の仕事を中断することを考えよ。旋盤やパンチをする際に、自分が加工している材料を変えるときに、不要な時間をかけよ。切断、成型、あるいは他の計測の作業をするときには、計測するたびに2度測れ。洗面所に行くときには、必要以上の時間をかけよ。工具を忘れよ。そうすれば、取りに戻らなければならない。

3. たとえ言葉を理解できても、外国語なので指示が理解できないふりをせよ。

4. 指示を理解するのがむずかしいと偽り、何回もくり返すように尋ねろ。あるいは、その仕事をするのが特に不安であると装い、不要な質問で主任を困らせよ。

5. 仕事の質を落とせ、そしてそれを品質の悪い道具、機械、あるいは装備のせいにせよ。それが自分の仕事を妨げていると、苦情を申し立てよ。

6. 新しい、あるいは未熟な作業者に自分の技術や経験をけっして伝えるな。

7. できる限りの方法で運営を混乱させよ。用紙に読みにくい文字で記入せよ。そうすれば、もう一度やり直さなければならない。用紙に間違いを記入したり、必要な情報を記入するな。

8. 可能なところでは、管理者側に従業員の問題を提示するグループに参加するか、グループを組織するのを助けよ。採用する手続きを管理者側にとって、できるだけ不便なものにするように取りはからえ。申請するときには多数の従業員が出席する必要があるとか、それぞれに苦情に対して一回以上の話し合いをするとか、多分に架空の問題を持ち出す、などである。

9. 資材を間違った経路に送れ。

10. 良質な部品の中に、利用できない不要品や、返品された部品を混ぜよ。

▼12 士気を下げ、混乱を引き起こすための一般的な工夫

(a) 質問を受けたときには、長ったらしい、理解しがたい説明を提示せよ。
(b) ゲシュタポや警察に架空のスパイや危険を報告せよ。
(c) とぼけよ。
(d) 自分が面倒なことに巻き込まれない程度に、できる限り怒りっぽく、言い争え。
(e) 配給、運搬、交通規則などに関する、すべての種類の規則を誤解せよ。
(f) 代用品として利用する材料について苦情を申し立てよ。
(g) 公衆の場では、枢軸国民や敵国に協力する者には冷ややかに接せよ。
(h) 枢軸国民や敵国に協力する者がカフェに来たら、すべての会話をやめよ。
(i) あらゆる機会に、特に官吏がいるときには、ヒステリックに泣き叫べ。
(j) 敵国に協力する機関が関係している映画、娯楽、コンサート、新聞はすべてボイコットせよ。
(k) 廃物回収には協力するな。

【訳注】

1　AR 380-5「アメリカ合衆国陸軍省情報セキュリティープログラム（Department Of The Army Information Security Program）」のこと。http://armypubs.army.mil/epubs/380_Series_Collection_1.html から全編を入手できる

2　戦争戦略的観点から、報道する情報をホワイトとブラックに分けることがある。たとえば、ホワイト・プロパガンダとは、「オーディエンスがそのソースを確認でき、メッセージも正確性、真実性が高いもの」（山本 2002：p.23）であり、「非公然のソースから出たつくり事、にせのメッセージを敵国のオーディエンスに伝える活動をブラック・プロパガンダという」（p.24）。ホワイトラジオとは、前者の情報を報道しているものと考えることができる。山本（2002：p.35）は、ウィリアム・ジョイス（ホー・ホー卿）のホワイトラジオについて述べているが、本資料では、もっと一般的な意味として理解してよいであろう

［山本武利（2002）　ブラック・プロパガンダ―謀略のラジオ　岩波書店］

3　エメリーとは、黒色砂状の鉱石。研磨材、すべり止めなどに利用される。金剛砂とも呼ばれる

4　およそ38リットル

5　およそ76リットル

6　およそ４７０ミリリットル

7　中子とは、たとえば鈴のように、中空の鋳物をつくる際に、中空となる部分に入れる鋳型。特殊な配合の砂を形成してつくられる

8　可燃物の多い環境でも安全に利用できるランプ

9　蒸気機関車のうしろの燃料石炭や水を積んでいる車両

10　およそ80キロ

11　最大は maximum

あとがき

本書はアメリカＣＩＡの前身の組織ＯＳＳが作成した「サボタージュ・マニュアル」の全訳とその解説です。

このマニュアルは、昨年、日本でもネットなどを中心として大きな話題になったもので、レジスタンス活動の手引書ながら、「いかに組織をうまくまわらなくするか」などのルールが現在の会社組織や各種サークルの現状をそのまま言い当てていて、なかなかするどい風刺と皮肉として読み解くことができるという興味深い文献でした。

ネットなどではその一部の翻訳が出回っていたのですが、今回その全訳版を出版し、マニュアルの全貌を皆さんに紹介したわけです。

じつは、本書の作成過程における最大の貢献者といえるのは、私ではなく、北大路書房の若森乾也氏と奥野浩之氏です。そもそもこの本が世に出るきっかけとなったのは、彼らのさりげない会話（愚痴）だったそうです。その会話の中でこのマニュアルの存在が話題になり、この本の翻訳プロジェクトがスタートしたのでした。

そして、彼らに声をかけていただき、原著を送ってもらって一読した私が、このプロジェクトに参加を表明し、監訳と解説を買って出たわけです。

また、その一方で若森氏と奥野氏は、ナラティブセラピーのカウンセラーであり、ニュージーランドでDiversity Counselling New Zealand trustを２０１３年に設立し、組織のマネージャー兼スーパーバイザー、カウンセラーとして活動されている国重浩一氏に翻訳をお願いしてくれました。

国重氏は『ナラティヴ・アプローチの理論から実践まで――希望を掘りあてる考古学』などの翻訳をすでにされており、専門文献を的確に翻訳してくれる数少ない研究者の一人です。国重氏は、今回も若森氏との密接な連絡と頻繁なやりとりをとおして、的確で読みやすいすばらしい翻訳を、非常に短い期間で完成させてくれました。私は監訳者という立場上、それにコメントする立場だったのですが、完成度の高い原稿であり、ほとんどコメントする余地はありませんでした。

専門出版社の編集者の方々は、広い学識と出版センス、企画力、組版等の専門知識をもとに、われわれ研究者の研究を書籍やテキストにつくり上げていってくれます。実際には一つの専門書は編集者と著者の協働作業によってつくられるものといってよいでしょう。

にもかかわらず、最後まで裏方に徹してくださることが多いのが現実です。

今回のプロジェクトでもお二人は最後まで、裏方に徹してくださいましたが、感謝の気持ちを込めてここに翻訳者の国重浩一氏とともに若森氏と奥野氏、それに、北大路書房の皆様に御礼申し上げたいと思います。

最後に、本書の推薦の言葉を、津田大介氏からいただくことができました。津田氏は、著名なネットジャーナリストであり、サボタージュ・マニュアルの存在を日本の人々に紹介したキーパーソンの一人です。津田氏の言葉は本書の本質を短い言葉でまさに的確に言い表していると思います。

２０１５年５月

越智啓太

越智　啓太（おち　けいた）………………………………【監訳・解説】

横浜市生まれ

学習院大学大学院人文科学研究科心理学専攻博士前期課程修了，警視庁科学捜査研究所，東京家政大学心理教育学科助教授などを経て，

現　在：法政大学文学部心理学科教授

専　門：犯罪捜査への心理学の応用，プロファイリング，虚偽検出，目撃証言，大量殺傷，テロリズム，デートDV等についての研究を行っている。

［主著］

『ケースで学ぶ犯罪心理学』（北大路書房），『progress and application 犯罪心理学』（サイエンス社），『犯罪捜査の心理学』（化学同人），『法と心理学の事典』（共編，朝倉書店），『美人の正体』（実務教育出版）

国重　浩一（くにしげ　こういち）………………………………【翻訳】

東京都墨田区生まれ

ワイカト大学カウンセリング大学院修了

鹿児島県スクールカウンセラー，東日本大震災時の宮城県緊急派遣カウンセラーなどを経て，

現　在：日本臨床心理士，ニュージーランド・カウンセリング協会員，ダイバーシティ・カウンセリング・ニュージーランド　マネージャー兼スーパーバイザー，カウンセラー

専　門：ナラティヴ・セラピー，スクールカウンセリング，スーパービジョン，多文化カウンセリング

［主著］

『ナラティヴ・セラピーの会話術』（金子書房），『震災被災地で心理援助職に何ができるのか？』（ratik）

訳書：『ナラティヴ・アプローチの理論から実践まで』（北大路書房），『ナラティヴ・メディエーション』（北大路書房），『心理援助職のためのスーパービジョン』（北大路書房）

サボタージュ・マニュアル
——諜報活動が照らす組織経営の本質——

2015年7月20日　初版第1刷発行
2015年12月20日　初版第2刷発行

定価はカバーに表示してあります。

米国戦略諜報局（OSS）
監訳・解説　越智啓太
翻　　　訳　国重浩一
発　行　所　㈱北大路書房
〒603-8303　京都市北区紫野十二坊町12-8
電　話　(075) 431-0361㈹
FAX　(075) 431-9393
振　替　01050-4-2083

印刷・製本　亜細亜印刷㈱
検印省略　落丁・乱丁本はお取り替えいたします。
ISBN 978-4-7628-2899-7　Printed in Japan